W0342139

LA SAGESSE DES CHATS

JULIA DEULEY

LA SAGESSE DES CHATS

ÉDITIONS DU
ROCHER
Jean-Paul Bertrand

Tous droits de traduction, de reproduction et d'adaptation
réservés pour tous pays.
© Éditions du Rocher, 1999.
ISBN 2 268 03164 0

Je préfère les chats aux chiens, parce qu'il n'y a pas de chats policiers.

JEAN COCTEAU

Le chien grogne quand il est fâché et remue la queue quand il est content. Moi je grogne quand je suis content, et je remue la queue quand je suis fâché. Donc je suis fou !

LEWIS CARROLL

J'ai étudié beaucoup de philosophes et de chats : la sagesse des chats est infiniment supérieure.

HIPPOLYTE TAINE

Contes ronronnants

La sagesse des chats

Il y a très, très longtemps, en des temps si anciens que même les plus anciennes roches n'en conservent aucune trace, le Créateur de toutes choses convoqua les différentes catégories d'esprits qu'il destinait au peuplement de la planète Terre. À chaque groupe, il demanda de formuler un souhait majeur, afin de procéder à une équitable répartition des espèces.

Les clans se concentrèrent longuement. Le temps que naisse et meure un bon milliard d'étoiles, puis chacun exprima son point de vue, donnant libre cours à ses ambitions et à ses rêves.

– Nous voulons l'omniprésence et l'invisibilité, dirent les premiers.

Ainsi naquirent les bactéries, microbes et autres virus.

– Nous, nous voulons la fortune !

Telle fut l'origine de l'huître perlière.

– Nous, ce qui nous intéresse, c'est l'empire du monde.

Le Créateur engendra aussitôt les vers et toute la

grouillante population souterraine auxquels les autres espèces finiraient inexorablement par céder leurs dépouilles.

– Nous, nous ne demanderons que la patience.

L'araignée vit aussitôt le jour.

Certains réclamèrent l'éloquence, ils devinrent perroquets. D'autres, la haute finance : le Créateur remplit les océans de requins. D'autres encore, qui avaient un esprit social particulièrement développé, prièrent qu'on leur accordât une parfaite égalité. Ils furent moutons.

Certains demandèrent des talents de géomètres et d'arpenteurs. Le Créateur les fit chameaux, avec la bosse des maths en prime, ce qui leur permettrait de mesurer précisément toutes les étendues désertiques du globe.

Il y en avait de plus poètes.

– Nous voulons colporter les messages de la brise et apprendre l'alphabet des fleurs.

Ainsi se répandirent les papillons.

– Nous, nous voulons être les éternels fiancés amoureux éplorés de la lune.

Le créateur engendra les loups.

Quelques esprits originaux et sans doute un peu fous affirmèrent :

– Notre rêve à nous, c'est l'Académie française.

Dieu créa les dindons.

Des esprits singulièrement bruyants et agités se dressèrent pour réclamer d'un ton quelque peu supérieur un quotient intellectuel exceptionnellement brillant et performant.

Malgré l'incongruité d'une telle requête, le Créateur, toujours complaisant, frotta un peu son immense œil unique et enfanta les hommes.

Restait, un peu à l'écart, un petit clan étrangement silencieux.

– Et vous, que souhaitez-vous ? Parlez sans crainte.

La réponse vint, dans un murmure soyeux :

– La sagesse, ô Seigneur.

Ainsi apparurent les chats.

Les neuf vies du chat

Un vieux matou, mathématicien émérite mais fort distrait et incroyablement paresseux, somnolait à l'entrée d'un temple. De temps à autre, il entrouvrait un œil pour compter les mouches du voisinage et replongeait presque aussitôt dans sa douce léthargie.

Shiva vint à passer par là. Émerveillé par la grâce naturelle, toute féline, que l'animal avait conservée, malgré un embonpoint considérable dû à son oisiveté, le Seigneur des Mondes lui demanda :

– Qui es-tu et que sais-tu faire ?

L'autre, sans même entrebâiller ses paupières, marmonna :

– Je suis un vieux chat très savant, et je sais parfaitement compter.

– Magnifique ! Et jusqu'où peux-tu compter ?

– Mais voyons, je peux compter jusqu'à l'infini !

– Dans ce cas, fais-moi plaisir. Compte pour moi, l'ami, compte...

Le chat s'étira, bâilla profondément, puis, avec une petite moue de dédain amusée, se mit à réciter :

– Un… deux… trois… quatre…

Chaque chiffre était prononcé d'une voix plus murmurante et vague. À sept, le chat était à moitié endormi. À neuf, il ronflait carrément, abîmé dans un sommeil béat.

– Puisque tu sais seulement compter jusqu'à neuf, décréta le grand Shiva, souverain des Sphères, je t'accorde neuf vies.

C'est ainsi que les chats disposèrent de neuf existences.

Mais Shiva, qui était aussi un subtil philosophe, médita longuement. Le matou lui avait assuré qu'il pouvait compter jusqu'à l'infini. Certes, il s'était arrêté au chiffre neuf, puis s'était endormi. Or le sommeil, sans nom, sans forme, sans pensée, n'est-il pas une fidèle préfiguration de l'infini ?

Alors Shiva compléta son décret : au bout de ses neuf vies le chat accéderait directement à la félicité suprême.

Les neuf vies du chat
(suite et fin)

Au cours de sa première existence, le chat doit essentiellement chasser afin d'aiguiser ses crocs, d'acquérir des griffes bien crochues, d'accomplir des performances à la course, d'apprendre à grimper aux arbres et à se tenir en équilibre au bord d'une gouttière. Il doit aussi développer des qualités de ruse, malice, tromperie et filouterie en tout genre.

Sa deuxième vie est entièrement consacrée au repos : bâillements, étirements, somnolence pâteuse, tout juste interrompue pour croquer vite fait un merle présomptueux, un mulot étourdi, une souris cacochyme.

Sa troisième incarnation est dédiée aux rituels. Chacune de ses journées doit être ponctuée de gestes précis, de pauses déterminées. Il lui faut choisir la place qu'il occupera le matin, celle du soir, celle de la nuit. Apprendre à tourner plusieurs fois sur lui-même, afin de saluer les quatre points cardinaux, avant de s'installer. S'initier au tracé des itinéraires. Et puis il y a surtout le rituel sophistiqué du jeu avec les proies : comment, après les avoir attrapées, il faut faire semblant de les laisser s'enfuir, pour les agripper *in extremis*, les relâcher encore, le temps d'un fugitif espoir, enfin les accrocher pour de bon, les happer toutes pantelantes, les tenir dans la gueule, desserrer l'étreinte, les jeter au loin d'un coup de patte pour bondir aussitôt et les croquer goulûment – bec, plumes, poils, os, queue, tout y passe.

Dans sa quatrième existence, le chat fait vœu de pauvreté. Libre et solitaire, il bat la campagne et prospecte les cités, observant d'un œil extrêmement critique les hommes, leurs étranges coutumes, leurs manières aberrantes, leur folie bien souvent suicidaire. Généralement, il doit mendier sa pitance. Il pratique alors assidûment le yoga des chats, dont les célèbres postures sont : l'étirement, pattes en avant, derrière levé, queue verticale ; le dos arrondi ; et l'attente, pattes repliées, prunelles mi-closes, avec une expression perfidement innocente et faussement indifférente.

Sa cinquième vie se déroule en communauté. Le chat y évolue au milieu de vastes bandes de matous plus ou moins sauvages, élisant domicile dans des ruines, jardins publics ou catacombes. Ce passage par le groupe lui permet de comprendre qu'il est en fait singulier, unique, très peu apte à frayer avec les autres créatures.

Dans sa sixième incarnation, il est devenu à bien des égards un sage et un gourou accompli. Il doit alors se chercher un disciple parmi les humains. Habituellement, il porte son dévolu sur un savant, un artiste, un bibliothécaire, ou sur une âme très romantique et très sensible. Quelquefois, il préfère une grand-mère bien dodue et très gourmande, qui lui mitonne des petits plats, dans une vieille maison remplie de coussins moelleux et de recoins obscurs.

La septième vie est une étape de grandes interrogations et vastes remises en cause. Par exemple, d'où viennent tous ces reflets qui dansent en été sur les murs, et comment les saisir ? À quelle bizarre et insolente créature appartiennent ces petits bouts de laine et de ficelle qui se tortillent soudain sur le carrelage ou la moquette ? Pourquoi les mouches s'acharnent-elles à vouloir traverser les vitres ? Pourquoi le ciel se met-il parfois à éternuer, tousser, grogner comme un grand fauve dont on aurait pincé la queue ? Autant d'énigmes, de prodiges finissent par troubler les caractères les mieux trempés, d'où quelques accès de brève démence, où le chat se met à sauter sur place, le poil tout hérissé, puis se lance dans une course éperdue et chaotique. Il termine cette vie dans un état d'écrasante fatigue.

Au cours de sa huitième existence, il s'initie aux symboles fondamentaux. Comme celui du cercle formé par son panier. Symbole de la verticalité, grâce à tous les bibelots et menus objets qu'il s'exerce à faire tomber des tables et des buffets. Symbole de l'horizontalité, avec toutes les bestioles qu'il guette pendant des heures au ras du sol. Et puis surtout, symbole du passage d'un niveau ordinaire de conscience à un niveau supérieur : la précieuse chatière.

Dans la neuvième et dernière étape, le chat perçoit clairement la vanité de toute chose, et la nature dérisoire de toute interrogation. Alors, décidément, rien ne lui paraît plus important ni plus urgent qu'un bon sommeil. Il dort pratiquement tout le temps et accède à l'illumination définitive.

Certains chats, notamment tibétains, choisissent par compassion de continuer le cycle des incarnations pour pouvoir prodiguer leur enseignement à ces imbéciles d'humains. On les appelle des boddhichatt-vas.

L'illumination

Vingt-cinq siècles environ avant notre ère, vivait dans un petit royaume du Bengale, un jeune chat paré des vertus félines les plus accomplies. Il n'avait pas son pareil pour chasser les rats les plus coriaces ou décrocher en plein vol les merles et les mésanges les plus agiles. Aucune chatte du voisinage n'était insensible à ses moustaches fièrement frisées. Il escaladait sans peine la cime des arbres les plus majestueux. Bref, son avenir s'annonçait sous les meilleurs auspices. D'autant que son père, puissant matou de la région, dominait avec sa tribu un territoire prospère où ne manquaient ni les souris, ni le bon lait des paysans du coin, ni les oiseaux d'espèces variées aux plumages capiteux et à la chair succulente.

Un jour, notre jeune chat recevrait toutes ces merveilles en héritage.

Mais une intense curiosité le tenaillait, qui le poussait à prospecter le vaste monde. Et il se mit à explorer des contrées limitrophes moins favorisées.

Bientôt il aperçut un chat pelé, galeux, efflanqué, qui poussait des miaulements déchirants à la porte des maisons pour quémander un peu de nourriture. Mais les hommes le chassaient à coups de pierres ou de balai et les enfants, par pure méchanceté, lui tiraient les moustaches ou la queue au passage. La deuxième rencontre fut celle d'un très vieux matou borgne, édenté, presque chauve, qui clopinait pitoyablement sur trois pattes, et qui n'avait même plus la force de chasser de simples mouches.

Le voyageur se sentit atterré par tant de misère.

Un peu plus loin, au bord d'un chemin, il tomba sur la dépouille d'un chat dont la vermine dévorait les entrailles. Sa gueule était grande ouverte, ses yeux vitreux, et des larves se tortillaient hideusement au fond de plaies béantes.

« Voilà donc notre sort commun ! » songea notre héros, dont le poil se hérissa d'horreur. Il se jura aussitôt de consacrer son existence à découvrir un moyen de vaincre la souffrance.

Il avait entendu parler de petits groupes de chats vivant retirés dans la forêt, et pratiquant toutes sortes de méthodes austères pour accéder à la félicité suprême. Il s'enfonça dans la jungle.

Peu après, il fit la connaissance d'un étrange matou qui s'était rasé entièrement les moustaches, limé les crocs, coupé les griffes, juché sur un rocher particulièrement inconfortable et pointu. Ayant renoncé à chasser, il ne se nourrissait que d'herbes amères. Et il refusait même de faire sa toilette de peur d'importuner les colonies de puces qui s'abritaient dans son pelage.

Le jeune félin, admiratif et très impressionné, pria très humblement son vénérable aîné de l'autoriser à suivre son ascèse. L'autre lui accorda tout juste un regard plutôt morne, accompagné d'un vague feulement désabusé, qui fut interprété comme un assentiment.

Au fil des semaines, le jeune chat maigrit, son pelage devint terne, ses moustaches friables, son œil humide et sa peau flasque. Malgré toute sa persévérance et un acharnement peu commun, la félicité tant attendue semblait de plus en plus inaccessible et chimérique.

Un soir, exsangue et squelettique, il se traîna jusqu'aux abords d'une ferme où une paysanne était en train de traire une vache. En observant le tranquille va-et-vient des mains sur la mamelle, notre héros eut une révélation. Si on ne tirait pas assez, le lait ne sortait pas. Si on tirait trop, la vache furieuse donnait des ruades. La juste Voie était celle du Milieu.

Le jeune chat miaula faiblement. La fermière, compatissante, lui offrit une écuelle de délicieux lait tiède qu'il lapa goulûment.

Revigoré, il poursuivit sa route, quittant définitivement la jungle et son vieux maître, ce matou somme toute à moitié cinglé.

Beaucoup plus loin, près d'un lieu célèbre appelé Bénarès, notre chercheur aperçut un homme qui dormait profondément. Il s'agissait d'un certain

Siddharta Gautama, plus connu sous le nom de Bouddha « l'Éveillé ». Or l'Éveillé dormait d'un sommeil que rien ne paraissait pouvoir troubler. Son visage baignait dans une expression d'indescriptible béatitude. Et il ronflait, émettant des grondements réguliers et sonores comme les roulements d'un lointain tonnerre.

Notre chat accéda immédiatement à l'Illumination. Il se sentit libéré de la souffrance et de toutes les illusions du monde. En pleine communion avec le Bouddha, bouddha lui-même, il entreprit d'imiter ce ronflement extatique.

C'est ainsi que les chats se mirent à ronronner.

Le paradoxe de Zénon

À l'époque d'Aristote, vivait dans un grenier d'Athènes un rat particulièrement érudit, expert en calculs compliqués, démonstrations subtiles et profondes spéculations philosophiques. Nul ne le surpassait en éloquence et en agilité d'esprit. Avec lui, on n'avait jamais le dernier mot. Ses connaissances paraissaient illimitées. Bref, il passait pour un sage.

Une nuit, un chat errant traversa son grenier. Au lieu de grelotter de peur et de détaler sur-le-champ à la recherche d'une cachette sûre, le rat se dressa tranquillement face au chat et le toisa d'un air entendu et quelque peu hautain.

– Es-tu donc stupide ? s'étonna le chat, ne sais-tu pas qu'il me suffirait d'un seul coup de griffe pour mettre fin à ta misérable existence ?

– Impossible, affirma le rat sur un ton péremptoire.

– Et pourquoi donc ? Explique-moi cette merveille !

– Certainement, pontifia le rongeur. Écoute-moi bien attentivement. Pour m'atteindre, ta patte griffue doit nécessairement aller du point A au point B. Mais elle doit d'abord passer par le point C qui marque la moitié de cette distance. Seulement pour aller du point A au point C, elle doit parvenir au point D, qui est à mi-chemin. Et ainsi de suite, à l'infini, puisque chaque section est divisible par deux. Ça ne s'arrête jamais. Donc très logiquement, tes griffes ne peuvent en aucun cas franchir la distance qui nous sépare. C'est évident : comment pourrais-tu provoquer notre réunion ?

Le chat aussitôt asséna un coup de patte rapide comme la foudre et embrocha le rat.

– Comment est-ce possible ? balbutia le rongeur moribond.

– C'est que, mon cher, nous étions déjà réunis avant même que tu ne pousses ton premier couinement.

Extrait de l'Évangile selon saint Mistigri

En ce temps-là, Jésus allait de bourg en bourg, réconfortant les pauvres, les malades et les désespérés. Il savait les mots qui touchent les cœurs, éclairent les intelligences, ouvrent les âmes. Sur son passage, les créatures du ciel et de la terre, des plus humbles aux plus redoutables, trouvaient soudain la vie plus simple et le monde plus savoureux.

Dans un village de Galilée où la foule se pressait pour approcher le maître, un chaton venait de dérober un poisson sur le rebord d'une fenêtre.

Aussitôt, les habitants, furibonds, se lancèrent à sa poursuite, saisissant qui une pierre, qui un bâton, pour châtier l'animal. Le chaton affolé se mit à courir en zigzag, évitant à grand-peine les coups pleuvant de toutes parts.

– Ce chat est un voleur ! Il faut le tuer ! hurlait la foule.

Dans sa panique, la bête se réfugia entre les plis du manteau de Jésus. D'un geste, celui-ci arrêta net les poursuivants.

– Vous voulez massacrer ce chat parce qu'il a dérobé un peu de nourriture ? Alors, que celui d'entre vous qui n'a jamais péché lui jette la première pierre !

Et Jésus ajouta : « En vérité, je vous le dis, celui qui ne deviendra pas semblable à ce chaton n'entrera pas au Royaume des Cieux... »

Puis le Nazaréen caressa le félin, qui, transporté de gratitude, se mit à ronronner en se frottant langoureusement contre les jambes du Sauveur.

C'est depuis ce jour-là, qu'en signe d'amitié les chats ont coutume de se lisser le poil sur les jambes des humains.

La nuit

Une nuit épaisse menaçait de se répandre sur la terre. Une de ces nuits terribles, sans lune, sans étoiles, uniforme, semblable au gouffre et au chaos des origines.

À l'approche de ce fléau, les animaux des forêts et des plaines se réunirent pour tenir un congrès.

– Oh ! gémirent en chœur toutes les petites créatures des champs, insectes, mulots, grenouilles, escargots, lézards. Quel malheur ! Quel malheur ! On va devenir la proie des spectres, goules, vampires, tous les démons et ogres qui hantent les ténèbres à l'affût d'innocentes victimes.

– Moi, dit l'éléphant sans conviction, je piétinerai tout sur mon passage.

– Et moi, dit le serpent, j'ondulerai, me contorsionnerai, me faufilerai...

Mais le cœur n'y était pas.

– Tant pis, murmura l'araignée. Je tisserai une toile tellement inextricable que la nuit elle-même finira par s'y engluer.

– Nous, sifflèrent les moustiques, on piquera

l'obscurité au hasard, on lui fouillera l'épiderme, on la tourmentera jusqu'aux larmes.

– On lui arrachera la peau, renchérirent les crocodiles.

– Et nous, on dépècera sa carcasse, gloussèrent les vautours.

– Moi, tonna la baleine, je peux émettre des ultrasons insupportables qui crèveront les tympans de la nuit.

Mais ces propos sentaient la peur, la vantardise et la rodomontade.

– Mes bons amis et bien dévoués sujets, intervint le lion (qui dans sa majesté autoproclamée se croyait naïvement le roi des animaux), moi, je ne redoute ni les monstres ni les esprits maléfiques. Mais il faut quand même absolument, résolument, trouver un moyen énergique de combattre cette obscurité subversive.

– Et si on appelait les hommes à la rescousse ? suggéra le chien en remuant fébrilement la queue.

Ce qui suscita un concert de réprobation.

– Ceux-là, pesta le hibou, qui passait pour une autorité morale, il suffit qu'ils se mêlent de quelque chose pour que tout aille de travers. Moins on les voit, mieux on se porte !

Un seul n'avait pas encore daigné commenter la situation. Perché sur une branche, il observait l'assistance, apparemment plongé dans un abîme de nonchalante indifférence.

– Eh bien, lui demandèrent les autres bêtes, tu n'as donc rien à proposer ? Ce problème nous concerne tous ! Serait-il au-dessous de ta dignité ?

Le chat ricana et dit :

– Votre affaire est toute simple, ô esprits creux et cœurs débiles ! Quand la nuit tombera, il suffira de fermer les yeux et de dormir.

Le seigneur lion

Il y a bien longtemps, les lions et les chats vivaient en bonne intelligence et en parfaite harmonie. Les petits félins conseillaient utilement et judicieusement les grands fauves qui, en retour, leur donnaient gracieusement une part de leur gibier. Et au cœur des savanes, lionceaux et chatons faisaient ensemble mille jeux et cabrioles sous l'œil attendri et vigilant de leurs mères respectives. Bref, la vie était simple et joyeuse.

Vint une époque de disette, où le gibier se fit plus rare. Presque introuvable. La maladie avait cruellement décimé les troupeaux de gazelles, de buffles et autres herbivores. On n'avait plus la moindre proie décente à se mettre sous le croc, et on en était honteusement réduit à se contenter de crapauds, de limaces, ou de vieux lézards fatigués.

Les lions tinrent conseil avec leurs cousins chats.

– Vous qui êtes si rusés, si agiles, et qui savez si bien passer inaperçus, suggéra un grand fauve, nul doute que vous réussirez sans peine à vous introduire dans la cité des hommes, dont les remparts sont inaccessibles et les portes jalousement gardées. Quand vous serez à l'intérieur, vous viendrez discrètement nous ouvrir. Ainsi, nos petits et les vôtres auront des provisions pour tout l'hiver. Il paraît d'ailleurs que la chair des hommes est savoureuse et succulente.

Ce discours fut approuvé à l'unanimité.

Les chats se faufilèrent jusqu'à la ville où ils pénétrèrent sans mal. Rôdant de-ci de-là, ils humèrent toutes sortes d'odeurs appétissantes provenant des maisons où se mitonnaient des repas alléchants. Les félins se glissèrent dans les cuisines, se frottèrent aux jambes des ménagères en ronronnant d'un air câlin. Amusés par ces bêtes gracieuses, les habitants leur prodiguèrent mille caresses et leur composèrent des assiettes remplies des meilleurs morceaux. Puis on leur offrit des paniers bien douillets au coin du feu où les chats s'assoupirent, comblés et rassasiés.

À leur réveil, ils songèrent aux lions qui devaient les attendre, frustrés, furieux, et dont la vengeance pouvait s'abattre sur eux avec une violence redoutable.

S'étant longuement concertés, ils quittèrent furtivement la ville et rejoignirent les lions qui les accueillirent d'une manière plutôt rogue et peu amène.

– Hélas, cousins lions, s'écrièrent-ils, la cité des hommes est complètement hermétique. Du reste, vous ne pourriez vous en approcher sans recevoir une volée de flèches mortelles. Mais pendant notre court séjour, nous avons découvert le plus vieux livre de tous les temps, contenant le plus vieil arbre généalogique de la création. Et nous avons appris que vous étiez les légitimes seigneurs, les rois de tous les animaux !

Les lions, dont la colossale suffisance est bien connue, se sentirent brusquement revivre à cette triomphale nouvelle. Oubliant les chats, la disette, leur faim et tout le reste, ils s'élancèrent aussitôt pour proclamer leur avènement aux quatre coins de la terre.

Depuis ce jour, ils vivent dans la béate autocontemplation de leur pseudo-majesté souveraine, tandis que leurs petits cousins se prélassent au coin du feu et se gavent de petits plats délicieusement cuisinés.

Le silence des anges

Quand le Très-Haut eut créé l'immense philharmonie des anges, il fallut procéder à une délicate sélection, afin d'utiliser les musiciens célestes au mieux de leurs talents respectifs.

Les séraphins et chérubins – le *nec plus ultra* de la hiérarchie angélique – prétendirent aussitôt assurer la musique des sphères supérieures. D'autres se déployèrent dans l'espace en phalanges lumineuses pour bourdonner éternellement parmi les grands essaims de nébuleuses, butinant le vide interstellaire. Certains archanges d'humeur guerrière et de nature farouche déchaînèrent leurs percussions vociférantes et leurs cuivres sauvages au cœur des raz de marée, séismes, tornades et tonnerre. Beaucoup formèrent des chœurs incandescents afin de chanter la gloire du Seigneur, de diffuser sa louange et de célébrer sa splendeur jusqu'aux confins du non-être.

D'aucuns choisirent modestement les minuscules mélodies du temps qui passe, ritournelles de la pluie et des brises, bruissement des vagues, cliquetis des cailloux sur la grève, mélopée feutrée des flocons en hiver, grésillement des braises et sifflement de l'eau qui bout dans la théière. Il y en eut qui prirent leur violon pour entonner le grave oratorio de la souffrance universelle, sanglots des mères, gémissements des réprouvés, hurlements des suppliciés.

Quelques angelots espiègles et mutins revendiquèrent les rires d'enfants. D'autres, se parant du titre d'anges gardiens, composèrent la petite musique de la conscience, la valse chaloupée du bien et du mal.

Certains anges cependant paraissaient s'enfermer dans un mutisme étrange.

– Quelle partition voulez-vous donc ? leur demanda le Très-Haut.

– Seigneur, celle qu'il y a entre les notes. La musique du silence...

L'Éternel les envoya sur terre, sous la forme des chats, dont les ailes s'ouvrent toutes grandes chaque nuit, quand nul regard humain n'est là pour les surprendre.

Le Paradis

Au tout début de son histoire, l'espèce humaine, par sa seule faute, fut exilée du Paradis.

Pendant des générations, les hommes accablés se lamentèrent, suppliant qu'on leur rendît cette félicité confisquée. Ils tentèrent des expéditions exténuantes, aux confins de la terre, bravèrent mille périls, mais en vain : les pistes du Paradis étaient bel et bien perdues, plongées dans d'impénétrables ténèbres. Il fallait se résigner à la souffrance, à la misère, à la vieillesse et à la mort.

Mais les enfants des hommes ne renoncent pas facilement.

Un jour parut un jeune garçon doué d'une intelligence particulièrement perspicace, opiniâtre et subtile. Il savait qu'au moment où l'homme avait été chassé du Paradis on en avait aussi expulsé toutes les autres créatures qui ne connaissaient plus ni paix ni trêve dans leur terrible lutte pour la vie. Et toutes, ayant été frappées d'amnésie, étaient devenues incapables de reconnaître le chemin du Jardin des Délices. La consternation était dans tous les cœurs.

Un seul animal avait pu se soustraire à cette sanction universelle : le chat.

Quand les diverses espèces avaient été précipitées dans l'ombre et dans l'horreur, ses yeux, perçant et dissipant les ténèbres les plus opaques, lui avaient permis de se repérer avec précision. Lui seul donc connaissait le bon itinéraire. Et ce précieux savoir était transmis à tous les chats, dès leur naissance.

Le jeune homme, qui aspirait de toutes ses forces à retrouver la voie de la béatitude, devint le compagnon fidèle d'un chat, qui, après bien des objections et des hésitations, consentit à lui servir de guide.

– Le voyage risque d'être rude, voire fatal, dit le félin. J'ignore si un petit d'homme aura l'endurance et l'intrépidité nécessaire...

Mais l'autre insista tant, que le matou accepta et entraîna son jeune ami loin de son village natal, hors des sentiers battus et des routes mentionnées sur les cartes.

Ils atteignirent bientôt les limites d'un désert qu'il fallut traverser. Dans cette immensité brûlante et désolée, les provisions des deux compères s'épuisèrent rapidement. Le félin avait depuis longtemps appris à survivre sur ses réserves, et son allure ne fléchissait pas. Mais l'homme, assoiffé, affamé, exténué n'avançait plus qu'en vacillant et titubant.

Soudain, à l'horizon, surgit un merveilleux paysage où abondaient des jardins ombragés, des vergers flamboyants, des étangs aux eaux cristallines et des palais fabuleux.

– Voici nos efforts récompensés ! jubila le garçon. Sûrement c'est là le seuil du Paradis !

– Ne t'excite pas, dit le chat. Ce que tu vois là-bas n'est qu'un vulgaire mirage.

La marche reprit, de plus en plus harassante, et le jeune homme crut mille fois succomber ou sombrer dans la folie.

Ils parvinrent enfin à la lisière d'une épaisse et sombre forêt où les deux compagnons purent se restaurer un peu, grâce au félin qui eut tôt fait d'attraper quelques pigeons dodus qu'on fit rôtir sur un feu de brindilles. Passablement revigoré, le jeune garçon suivit son guide à travers un inextricable dédale de branchages, futaies et fourrés, où se tenaient tapies toutes sortes de bestioles visqueuses, venimeuses ou crochues. Mais la présence du chat suffisait à décourager leurs intentions malveillantes. Sous les lourdes frondaisons, l'obscurité devenait de plus en plus dense, et seul le félin pouvait distinguer nettement les formes. Vers le cœur de la forêt, se manifestèrent des monstres de plus en plus étranges et hideux, qui se déplaçaient dans un halo crépusculaire d'épouvante et de voracité. Leurs contorsions sauvages, leurs gesticulations frénétiques, leurs énormes crocs écumants et sanglants, leurs multiples yeux rouges et farouches ne pouvaient manquer d'impressionner le jeune homme qui sentit ses entrailles se serrer et son cœur chavirer.

– N'aie aucune inquiétude, dit le chat. Ne les regarde même pas. C'est ton angoisse qui leur prête un semblant de réalité. Cesse de t'en préoccuper. Ils disparaîtront.

Le garçon écouta ses conseils, et ils continuèrent leur périple.

Dans une clairière, au beau milieu de la forêt, ils furent brusquement arrêtés par un dragon, une hydre colossale dont les mille gueules féroces vomissaient des torrents de flammes dévastatrices. D'énormes tentacules se tortillaient et fouettaient l'air jusqu'à la cime des plus hauts arbres. Derrière le dragon, était enchaînée une toute jeune fille d'une beauté envoûtante, émouvante et parfaite.

Le voyageur en fut aussitôt ébloui et comme tout enivré.

– Assurément, cette fois, voilà le Paradis ! s'exclama-t-il. Je vais défier cet affreux dragon et le vaincre en combat singulier !

Sans demander l'avis du chat, il saisit l'épée dont il s'était armé par précaution juste avant le départ et se jeta sur l'hydre. Évitant avec agilité les jets de flammes, les griffes, les crocs et les crachats empoisonnés du monstre, il se mit à trancher les têtes par dizaines. Mais pour chaque tête coupée, il en repoussait trois autres, si bien que loin de s'affaiblir la Bête gagnait en puissance et en férocité. Le jeune homme, penaud, revint auprès du chat.

– Ce démon est invincible ! grogna-t-il. Il doit bien pourtant avoir un organe vulnérable !

– Tu n'y es pas du tout, observa le matou, un rien dédaigneux. Si tu veux détruire cette chose, il n'y a qu'un moyen : tu dois sauter directement dans sa gueule la plus béante, au cœur même du brasier le plus dévorant !

– Mais je serai anéanti !

– Si tu veux accéder au Paradis, suis mes instructions...

L'apprenti chasseur de dragons, toujours fasciné par la jeune captive, repéra la plus horrible tête du monstre et bondit pour se jeter au fin fond du gosier incandescent. Il s'attendait à être grillé sur-le-champ comme une vieille châtaigne, réduit en cendres et en fumée. Or il se retrouva un peu sonné, mais complètement indemne, alors que le dragon et la jeune fille avaient disparu.

– C'est bien, dit le chat. Ce sont tes peurs et tes désirs qui avaient créé ces images. Nous sommes encore loin du Paradis.

Les voyageurs se remirent en route. Sortant de la forêt, ils arrivèrent au pied d'une très haute montagne dont la cime se perdait au milieu des nuages et semblait s'étirer jusqu'à la voûte céleste.

– Si on escalade ce pic, fit le jeune homme, on

atteindra le firmament. Là-haut, on devrait entrer immédiatement au Paradis.

Il fallut de longs jours d'efforts acharnés pour gravir vaille que vaille des pentes de plus en plus abruptes, semées d'embûches et de pièges sans nombre – glaciers, ravins, avalanches, parois de roc inabordables. À mesure qu'ils progressaient, les deux amis voyaient leur épuisement compensé par le magnifique spectacle s'étalant sous leurs yeux à perte d'horizon – des champs, des bois, des lacs, des fleuves, des villes, des rivages inconnus, des archipels lointains.

Le garçon frissonna : il lui suffisait d'un regard pour posséder tout cet espace. Parvenu tout en haut, parmi les brumes, les nuages et les foudres, à une altitude où même les aigles n'osaient s'aventurer, l'adolescent demanda au félin :

– Alors, approchons-nous du but ?

– Je t'ai laissé grimper, petit d'homme, et je t'ai même accompagné. Mais cette montagne ne mène pas au Paradis. Ce sommet marque seulement le point culminant de ton orgueil et de ta fatuité... Maintenant, si tu as autant de courage que tu le prétends, suis-moi donc sur la piste des ouragans...

Le félin apprit à son compagnon à chevaucher les grands vents qui les déposèrent à la porte d'une vaste cité où résonnaient de joyeuses fanfares. Partout ce n'étaient que fêtes étincelantes, foules radieuses, réjouissances, concerts, opéras. Tous les hommes étaient vigoureux et charmants, toutes les femmes exquises. Chacun avait une expression de liesse et d'allégresse.

– Eh bien, dit le jeune homme, n'est-ce pas là vraiment le Paradis ?

– Nous sommes dans la cité du bonheur. Mais nous ne sommes pas au Paradis. Tout bonheur a un commencement et une fin. Le Paradis est hors du temps.

L'étape suivante les mena au bord d'un abîme. Un ange à l'allure menaçante en assurait la garde. Les voyageurs furent obligés de s'expliquer.

– Vous voyez bien, gronda l'ange, qu'il n'y a rien au-delà de ce gouffre. C'est le rien, le néant. Tant pis pour l'imprudent qui franchira ce seuil !

« Cet ange, murmura le matou à l'oreille de son disciple, est un menteur et un paranoïaque. Allons, viens avec moi. »

Il sauta dans l'abîme où son compagnon le suivit aussitôt.

Les deux amis se retrouvèrent à l'instant même dans le village natal du garçon à l'endroit exact d'où ils étaient partis. Le petit d'homme comprit alors que le Paradis avait toujours été *ici* et qu'*ici* était hors du temps, évident et visible comme le nez au milieu de la figure, parce que situé en lui, et non dans un lieu particulier.

Le chat dit encore :

– C'est parce que les hommes s'efforcent furieusement d'aller là où ils sont déjà qu'ils se croient proscrits du Jardin des Délices...

Le chat et la Mort

Il y avait un chat, renommé pour son charme, sa grâce et son splendide pelage soyeux et fauve. Toutes les minettes des environs étaient folles de lui et venaient se rouler devant ses moustaches, en longues pâmoisons lascives, pour obtenir ses faveurs. Le fier matou, passablement don Juan, ne se refusait guère et n'hésitait nullement à satisfaire ces innombrables candidates à l'amour.

La Mort, qui est une femelle particulièrement avide, exclusive, et qui supporte mal la concurrence, décida de se présenter à lui sous les traits d'une superbe chatte voluptueuse et affriolante.

– Si tu veux me posséder, dit-elle au séducteur, tu dois te dépouiller de tous tes faux-semblants, de toutes tes apparences fictives...

La commère, qui était fourbe et rusée, songeait : « Quand ce bellâtre n'aura plus ni griffes, ni crocs, ni fourrure bien chaude pour le protéger de l'hiver, je n'en ferai qu'une bouchée... »

– Fort bien, accepta le matou. Encore que je te

sache maligne et même un tantinet psychopathe, j'accéderai à ton désir...

Il ôta prestement son pelage. Mais quelque chose retenait la Mort.

– Continue, je te prie. Montre-moi mieux ta nudité...

Le chat se débarrassa promptement de ses muscles, de ses viscères et de tous ses organes. Il apparut alors à l'état de squelette. Mais quelque chose encore gênait la Mort. Il manquait un détail à la fois essentiel et indéfinissable :

– Tu n'as pas fini de te dévêtir... Va plus loin et je saurai répondre à ton amour...

Cette fois, le chat rejeta un à un tous ses os. Seul son regard brillait toujours dans le soir. La Mort ne se sentait pas complètement satisfaite. Un petit je-ne-sais-quoi la laissait sur sa faim.

– Allons, dit-elle, juste un dernier effort, je te jure de te combler ensuite pour l'éternité !

Le regard s'éteignit. Aucune présence n'était plus décelable.

– Eh bien, où es-tu donc passé ? cria la Mort. Reviens qu'on en finisse !

– Mais je n'ai pas bougé, ma mie, ricana le matou. Je suis ici, partout et nulle part ! Tu croyais pouvoir me tromper avec tes artifices ? Pauvre Mort ! Mon pelage t'appartient, mes entrailles t'appartiennent, ma carcasse t'appartient. Mais moi, où pourrais-tu m'atteindre ? Et maintenant, tu es le dindon de la farce !

La Mort, furieuse et humiliée, s'en retourna penaude raser les murs des hôpitaux et surveiller l'entrée des morgues.

Déambulant la nuit dans les allées des cimetières, elle évita dorénavant soigneusement d'adresser la parole à un chat.

Le chat de Baudelaire

Un soir d'incoercible spleen et de pesant ennui, Charles Baudelaire sentait l'angoisse battre à ses tempes et sonner sous son crâne comme l'horloge de l'enfer. C'était un petit carillon fêlé, funèbre, et le poète guettait le passage des heures dans cette nuit lente à n'en pas finir.

Sa plume n'accrochait aucun vers, les feuilles blanches demeuraient sinistrement nues, les livres eux-mêmes paraissaient dérisoires, vidés de toute substance. Et le sommeil avait depuis longtemps déserté ses pauvres nerfs malades.

Par la fenêtre entrouverte, un chat sauta soudain de la gouttière sur la table de travail. Charles et le félin se fixèrent longuement, immobiles et en silence. Puis le poète murmura : « Hélas ! Que l'écoulement du temps est chose interminable et douloureuse ! Les secondes sont une mort en pointillés... Et elles me font une âme à contre-jour... »

– Écoute, dit le chat. Tu n'es qu'un plumitif pleurnichard et fantasque, amoureux de tes propres billevesées. Le temps qui t'arrache tant de gémissements n'existe pas. Les pendules des hommes sont des jouets fallacieux et trompeurs. Si tu veux savoir l'heure exacte, ô poète, regarde mieux l'or de mes prunelles...

Baudelaire obéit au félin et pour la première fois comprit ce qu'était l'heure véritable. Il s'écria en exultant :

– C'est vrai ! Je vois l'heure précise ! Il est *maintenant* ! Il est l'Éternité !

Contes griffus

Le compagnon de Lilith

Bien avant la première femme, était Lilith, la pure, l'impénétrable, la rebelle, sans peur ni culpabilité, qui refusait de s'inféoder à l'homme, Lilith, l'abîme féminin, la ténébreuse lumière, l'invisible visible, dont l'insoutenable beauté n'était jamais masquée mais toujours indéchiffrable.

Ève, l'épouse docile, la ménagère complaisante et soumise, n'avait pour armes que la ruse et le mensonge. C'est pourquoi elle fut une élève exemplaire du Serpent.

Lorsqu'elle se déroba devant les froides exigences du Verbe et des Principes, Lilith l'incontrôlable, l'imprévisible, la vierge sauvage et convulsive, la suzeraine des ombres, choisit pour compagnon l'esprit même de la nuit et du mystère : le chat.

Toujours aussi indomptable, Lilith continue de bouder l'humanité. Mais elle nous envoie ses amis les chats qui nous surveillent attentivement et lui rapportent scrupuleusement nos moindres faits et gestes.

Les quatre éléments

À l'aube des âges, quand la Terre était encore une planète jeune, à peine pubère, les premiers chats étaient des créatures indolentes et oisives, qui promenaient benoîtement leur insouciance dans les sous-bois et dans les plaines, se nourrissant exclusivement de fruits et d'herbes.

Quelquefois, un matou un peu plus intrépide se risquait à dérober aux abeilles quelques lichettes de miel. Mais l'espèce était essentiellement pacifique et n'avait guère d'ennemis.

Les quatre grands esprits de la Terre, de l'Eau, de l'Air et du Feu, qui régnaient en maîtres sur toute la nature, conçurent, chacun à sa manière, une intense jalousie contre ce félin dont la grâce parfaite leur semblait une insulte à leur propre suprématie.

À l'issue d'un bref conciliabule entre les quatre éléments, la Terre se chargea de mettre un terme à ce scandale.

– Cet animal, assura-t-elle, je n'en ferai qu'une bouchée. Je vais l'étouffer et le broyer entre mes immenses montagnes. Puis je le réduirai en poudre et l'ensevelirai au plus noir de mes entrailles...

Aussitôt se déclenchèrent d'épouvantables séismes. Les roches volèrent en éclats, les terrains se plissèrent, les abîmes s'ouvrirent dans le sol. Mais les matous, vifs et agiles, se faufilèrent entre les éboulis et zigzaguèrent entre les gouffres.

Pour se venger, ils résolurent d'enfouir leurs excréments. Infesté par la puanteur, l'élément Terre fut pris d'une telle nausée qu'au bord de la syncope il finit par crier grâce.

Les chats lui dirent :

– Ô esprit de la Terre, tu t'es vraiment très mal conduit avec nous qui ne t'avions causé aucun dommage. Nous voulons bien pourtant te pardonner. À condition que tu nous offres un gage.

– Et quelle sorte de gage ?

– Tu sais que nous sommes particulièrement gourmets. Alors nous voulons une friandise exceptionnellement savoureuse, quelque chose que nous n'avons encore jamais goûté.

La Terre, à contrecœur, produisit aussitôt les rats, les souris, les mulots, les musaraignes et toutes les autres races de petits rongeurs, dont les félins se repurent pour la première fois avec délectation.

Mais, se méfiant des promesses de la Terre, les chats continuèrent à enterrer leurs excréments, ce qui obligea le grand esprit à fournir sans cesse de nouvelles proies, pour obtenir chaque fois un minuscule répit.

Les quatre éléments se concertèrent derechef. L'Eau dit solennellement :

– Toi, la Terre, tu es certes puissante. Mais tu es trop lourde et maladroite. Moi, je connais les chats. Ils me craignent comme la peste. Je les noierai et je les dissoudrai dans ma masse plus vite et plus sûrement qu'une goutte de pluie...

Les matous, menacés par les flots, déléguèrent les plus valeureux d'entre eux qui se mirent en devoir de boire tout le liquide. Ces chats-là grossirent, leurs griffes s'allongèrent, leurs crocs s'affûtèrent, ils devinrent lions, léopards, tigres.

Les lacs, les fleuves et même les océans se vidaient, lapés par toutes ces langues insatiables. Bientôt le grand esprit de l'Eau eut peur d'être à sec.

– Que voulez-vous donc, gémit-il, bêtes cruelles, pour me laisser en paix à la fin ?

– Ô esprit de l'Eau, tu t'es vraiment très mal conduit avec nous qui ne t'avions causé aucun tort. En gage, propose-nous quelque chose de bien succulent. Un entremets que nous n'avons encore jamais goûté...

Ainsi, pour la première fois, les chats mangèrent du poisson.

Les quatre éléments eurent une nouvelle conférence.

– Fort bien, dit l'Air. À moi de prendre nos affaires en main. La Terre est bien trop rustre, et l'Eau bien trop impressionnable. Avec moi, ça ne va pas traîner. Quelques ouragans, un ou deux cyclones, et je balaierai cette insolente engeance comme fétu de paille.

Or devant la tempête et les vents déchaînés, loin de s'enfuir épouvantés, les chats se hérissèrent, feulèrent, grondèrent, crachèrent, écumèrent, puis se lancèrent à l'assaut du ciel qui fut lacéré, déchiqueté, ensanglanté de crépuscules écarlates et d'aurores boréales jusqu'à verser des larmes d'étoiles filantes.

L'esprit de l'Air déjà se voyait éventré, perdant ses astres, lune, soleil, nébuleuses, dans une horrible boucherie sidérale.

– Que dois-je faire, cria-t-il, pour terminer cette guerre monstrueuse ?

– Nous voulons quelques petits amuse-gueules très alléchants.

Et pour la première fois, les chats croquèrent des oiseaux.

– Ça ne va pas du tout ! pesta l'esprit du Feu, en fulminant et foudroyant ses trois compères du regard. Allez-vous donc longtemps nous laisser ridiculiser par ces vulgaires mammifères ? Moi, je vais leur donner une leçon qu'ils ne sont pas près d'oublier ! Car nul ne me résiste. Le temps d'un battement de cils, et je réduis tout en fumée !

Le Feu, très sûr de lui, bomba fièrement le torse, pointa pompeusement le menton, et se présenta devant les chats, qui se doutaient un peu de sa venue prochaine.

– Maintenant, grogna un vieux matou, la coupe est pleine !

Et aussitôt, ils enfermèrent le feu à tout jamais au fond de leurs prunelles.

Le Sphinx

Aux premières heures de l'antique Égypte, mais bien avant la construction des pyramides, un jeune chat, épris d'entreprises aventureuses et de sensations fortes, parut devant le Sphinx qui avait coutume de dévorer les audacieux voyageurs incapables de résoudre ses énigmes.

En ce temps-là, le Sphinx était un monstre informe, globuleux, cyclopéen, et dont la puanteur infestait le désert. Il était également fort imbu de ses pouvoirs surnaturels. Les dieux avaient engendré la farouche créature surtout pour rabattre le caquet des humains, dont la présomption et l'impudence commençaient sérieusement à les irriter. Du reste, rares étaient ceux qui se risquaient dans les parages.

Apercevant le chat, le Sphinx fit sonner ses écailles, déploya ses tentacules et gonfla ses poches à venin.

– Que viens-tu faire, misérable et imprudente bestiole ? Tu ignores donc ma toute-puissance et mon implacable voracité ?

– Seigneur Sphinx, susurra le félin, ô toi dont la splendeur n'a d'égale que l'intelligence, le bruit court que tu serais passé maître dans l'art des devinettes, charades et rébus. Or, moi qui suis friand de ces exercices, je souhaite ardemment profiter de ta science.

– Alors tu n'en profiteras pas longtemps. Car je te croquerai à ton premier faux pas. Pour commencer, dis-moi le sens de cette énigme : qu'est-ce qui est toujours déjà mort, jamais encore né et qui pourtant ne cesse de vivre ?

– Oh ça, c'est le temps.

– Et maintenant prétentieuse vermine, peux-tu me dire quelle créature est passivement idiote le matin, activement idiote l'après-midi et irrécupérablement idiote le soir ?

Le chat se gratta quelques vieilles puces derrière l'oreille et répondit :

– C'est l'homme : insouciant crétin dans son enfance, crétin malfaisant à l'âge adulte, crétin chancelant et délabré dans sa vieillesse.

– Soit, grommela le Sphinx, piqué au vif, mais ne crois pas que tu vas t'en tirer à si bon compte. Si tu veux que je te laisse repartir sain et sauf, tu dois me prendre en défaut. Ça, c'est une autre paire de manches !

Et le monstre bomba son torse difforme en se fendant d'un ricanement tonitruant qui perfora l'azur et dispersa les rares nuages.

– À ton tour de me poser une question.

– Seigneur Sphinx, y a-t-il une vérité absolue ?

– Où veux-tu en venir, stupide animal ? Bien sûr qu'il n'y a pas de vérité absolue !

– Ô Sphinx, ce que tu dis est absolument vrai !

– Si tu penses m'avoir avec d'aussi pauvres stratagèmes, maugréa le monstre, tu ne t'es pas encore frotté à mes pouvoirs surnaturels. Je suis capable de prodiges que tu ne soupçonnes même pas.

– Je ne demande qu'à le voir pour le croire. Tiens, je doute que tu puisses prendre la taille d'une montagne.

– Oh, qu'à cela ne tienne !

Le Sphinx se mit alors à enfler, se dilatant jusqu'à occuper tout l'horizon et à masquer littéralement la lumière du jour.

– Bravo ! Bravo ! s'extasia le matou. Mais pourrais-tu aussi devenir semblable aux oiseaux du ciel et t'envoler dans la brise ?

– Rien de plus simple, dit le Sphinx. Mais je te préviens : ensuite, je t'avale comme un vulgaire moucheron.

La créature se concentra, se lova, rétrécit. Déjà des ailes d'alouette lui poussaient sur le dos. Le chat bondit et n'en fit qu'une bouchée.

Il fut immédiatement doté des immenses pouvoirs du monstre, mais conserva la grâce et l'élégance féline qui lui étaient spécifiques. Et les dieux lui confièrent désormais la place laissée vacante par le Sphinx.

L'ogre et le samouraï

Un samouraï était tombé par traîtrise aux mains d'un géant, brute affreuse et stupide, ogre adipeux et concupiscent, aux crocs dégoulinants de bave, au menton fuyant sous un front minuscule et hirsute.

Ce monstre avait enfermé le captif dans son garde-manger, parmi toutes sortes de détritus infects, et menaçait de le croquer à son prochain repas.

Or ce samouraï avait un chat, bête agile, astucieuse, et qui n'avait pas froid aux yeux. Le matou avait discrètement suivi l'ogre jusqu'à son repaire, caverne fétide et glauque où s'empilaient les ossements des victimes et les restes nauséabonds de répugnantes ripailles.

Le samouraï avait beau être un des meilleurs spécialistes en arts martiaux de l'empire du Soleil-Levant, comment aurait-il pu se mesurer à cette montagne de force aveugle et de grossière bestialité ? Résigné à une mort imminente, et pas des plus agréables, il s'abîma dans une profonde méditation, afin de dissiper toutes les agitations de son esprit et d'accéder à la grande paix du vide originel.

Le chat, quant à lui, avait réussi à escalader les parois de la caverne et se tenait tapi dans une petite anfractuosité rocheuse.

Quand l'ogre alla saisir son prisonnier, ficelé comme une volaille, afin de le jeter dans sa marmite où barbotaient déjà plusieurs grands-mères, des brochettes de geishas, et quelques nourrissons mal mouchés, le félin se laissa choir. Il atterrit promptement sur le crâne du monstre et, toutes griffes dehors, lui creva les pupilles. Plongé dans le noir, hurlant de rage et de douleur, l'ogre se mit à tournoyer piteusement comme une toupie démente.

Le samouraï se détacha et libéra ses compagnons d'infortune.

Comme il était un peu sorcier, il dit au chat :

– Pour te remercier de ton courage, toi et les tiens, désormais, vous retomberez toujours sur vos pattes, quelle que soit la hauteur dont vous aurez à sauter.

Voilà pourquoi dans sa chute un chat ne perd jamais l'équilibre.

Le Satori du meurtre parfait

Pour obtenir le Satori, ou Illumination subite, les chats de bonne compagnie et de lignée avouable doivent suivre, dès l'âge le plus tendre, la Voie subtile, mystérieuse et très sophistiquée, du meurtre parfait.

Les exercices y sont austères, la pratique longue et ardue, les principes à peine compréhensibles. Dans ce difficile itinéraire, où la réussite n'est jamais garantie, quelque méritoires que soient les efforts et pures les aspirations, le postulant doit cheminer seul. Son unique maître est le gourou intérieur, toujours présent et bienveillant, mais qu'il faut être attentif à ne pas confondre avec la voix de l'instinct, du plaisir ou du simple caprice. Totalement désintéressé, ce guide intime demeure tapi au cœur de l'être, au creux fugace de doux ronronnements.

Le jeune chat commence par observer une stricte discipline. C'est une période d'apprentissage, en vue de s'affermir dans l'accomplissement des jeux et des rituels accoutumés.

D'abord, le repérage des proies est capital. Il ne

s'agit bien sûr que de préliminaires. Mais sans une attitude rigoureusement précise et juste, le reste ne serait que vulgaire boucherie. Il est indispensable d'afficher une contenance nonchalante, presque distraite, mais pas trop immobile. Il peut être opportun de se lécher la patte et de la passer rapidement derrière l'oreille – comme si on était à cent lieues de se douter du voisinage d'une proie.

Quand la victime potentielle est bien dans le collimateur, il faut prendre garde à ses moustaches. Elles commencent toujours à frémir et vibrer, tandis que les babines se retroussent imperceptiblement et que l'échine frissonne. On risque ainsi de se trahir. L'oiseau s'envole et la souris disparaît dans son trou avant même qu'on passe à l'étape suivante. Les grands maîtres dans l'art du meurtre parfait n'ont guère de ces défaillances. Leur élan est bref, simple, transparent, leur attaque fulgurante. Leur mouvement n'est qu'un souffle. Ils se déplacent plus vite que le regard.

Quand la proie est épinglée, d'un coup de griffe discret, juste une piqûre, presque une caresse, assez pour étourdir un peu la bestiole, il faut aussitôt s'en désintéresser, se coucher sur le flanc, jouer avec sa propre queue, le temps que la proie épouvantée retrouve ses esprits, reprenne espoir, se mette à gigoter furieusement. On se jette alors dessus, mais on fait patte de velours, on l'enserre, on l'embrasse, on l'étreint, on l'étouffe, pattes de devant, pattes de derrière, tout en la broyant un peu, mais pas trop, dans sa gueule. Du bon sang tiède commence à humecter les papilles de ses épices douceâtres.

À ce stade, il est vivement conseillé de relâcher brusquement la victime et de la lancer au loin comme une balle d'un petit coup sec de raquette. Ensuite on bondira pour la récupérer. La manœuvre peut être exécutée plusieurs fois sans inconvénient. Jusqu'à la phase finale qui consiste à parader quelques secondes avec la dépouille pantelante dépassant de la gueule.

Après, le repas en lui-même n'offre qu'un intérêt secondaire.

Le Satori ne se produit pas à un moment déterminé. Il surgit à l'improviste, à l'une de ces diverses étapes. Imprévisible, insaisissable.

Certains chats suivent une tout autre voie qui est celle de la sainteté chaste et bien nourrie. Ces matous qui pratiquent la non-violence et la non-agression passent leur existence dans des maisons bourgeoises qui leur assurent le gîte et le couvert. Les humains à leur service facilitent leur vocation monacale en les faisant castrer à leurs frais.

Lucifer et le goinfre

Un chat mafflu, pansu, dodu à souhait, exerçait sur une vaste contrée ses talents de sybarite sensuel et de goinfre insatiable. Cette voracité, doublée d'une furieuse passion pour la chasse, lui valait une renommée considérable. À son approche, tous les rongeurs et volatiles des environs grelottaient d'épouvante. Comme nul autre, il savait débusquer les oisillons dans leur nid, traquer les musaraignes, et même surprendre un lièvre en rase campagne. Il ne craignait jamais de se mouiller les pattes ou les moustaches pour attraper une truite, ni de fouiller la vase à la recherche d'une carpe, en croquant quelques grenouilles juteuses en guise d'amuse-gueule.

Ce glouton débridé, bâfreur impénitent, ayant bien écumé toute la région et les pays avoisinants, finit par accuser les misères de l'âge.

Il perdit quelques crocs, ses griffes s'émoussèrent, son échine se raidit, ses forces le trahirent peu à peu.

À présent, les plus chétifs mulots, les plus dérisoires campagnols n'hésitaient guère à le narguer, dansant la gigue et la farandole autour de sa pauvre carcasse épuisée.

« Oh ! Je donnerais n'importe quoi, gémit le vieux matou, pour retrouver ma vigueur de jadis ! »

Lucifer, toujours à l'affût des bonnes occasions, surgit sur l'heure au chevet du moribond.

– Si ça t'intéresse, j'ai une magnifique proposition à te faire, un très avantageux petit marché à te proposer. Signe donc au bas de ce parchemin avec ce qui te reste de griffe, et je m'engage à te servir à ta convenance.

– Je te connais de réputation, fit le chat, circonspect. Je veux bien traiter avec toi, mais voici les termes de la transaction : jure-moi que j'aurai toujours des proies à ma disposition, et tu pourras prendre mon âme.

– Tope là ! Marché conclu ! opina Lucifer.

Le chat n'avait plus que quelques minutes à vivre, et l'archange déchu pensait avoir réussi une excellente affaire.

Quand le matou expira, le diable, triomphant, saisit son âme et la précipita en enfer.

Dès qu'elle fut dans les profondeurs du ténébreux séjour, l'âme du félin cria vers le maudit : « Ô Lucifer, souviens-toi de notre pacte ! » Puis, toute pimpante et gaillarde, elle se mit en devoir de chasser les innombrables démons et diablotins qui constituaient des proies appétissantes et croustillantes.

Bientôt la confusion et la pagaille furent telles, que Satan excédé renonça à l'âme du matou.

Depuis ce temps, aucun chat n'est plus autorisé à franchir le seuil du domaine infernal.

Comment les roses devinrent des chats

Une princesse coulait des jours paisibles dans un vaste palais où elle consacrait le plus clair de son temps à embellir et à soigner un magnifique jardin où abondaient les essences les plus délicates, les espèces les plus rares et les fleurs les plus luxuriantes.

Un puissant magicien tomba éperdument amoureux de la princesse, dont la beauté, unique, s'ennoblissait d'une vertu parfaite et quelque peu austère.

Pour émouvoir le cœur de la cruelle, et connaissant sa passion pour l'horticulture, le prétendant lui offrit un superbe parterre de roses. La jeune femme en fut éblouie : ce serait le chef-d'œuvre, la pièce maîtresse de son parc floral. Car rien n'était plus suave, plus velouté, plus subtilement ourlé, plus lascivement parfumé que ces roses.

Mais sa vertu n'en fléchit pas pour autant. Tout en le remerciant avec force grâce, elle éconduisit courtoisement le magicien transi d'amour.

Furieux de voir ainsi ses avances repoussées, le thaumaturge conçut contre l'intraitable une terrible vengeance. Usant de ses redoutables pouvoirs, il jeta un sort sur le jardin de la princesse. D'une voix dont l'écho tonitruant se répercutait au-delà des montagnes, il proféra : « Que désormais les roses deviennent des créatures de chair et de sang ! Aussi soyeuses et douces que leurs pétales ! Aussi pointues et traîtresses que leurs épines ! Aussi belles à contempler que dangereuses à saisir ! »

Ainsi les roses de la princesse rétive se transformèrent aussitôt en chats, qui saccagèrent de leurs griffes les savantes compositions florales du palais.

Aujourd'hui encore, au cœur de la nuit, à l'heure où seuls les fous et les poètes insomniaques perçoivent l'envers du décor, les roses deviennent des chats et quittent subrepticement leurs vases pour aller batifoler sur les gouttières et rêvasser au clair de lune.

Le jeu de l'homme

(d'après Frédéric Brown)

Le vaisseau interstellaire se posa en douceur aux abords d'une grande métropole. Était-ce New York, Pékin, Moscou, Paris, ou Londres ? Peu importe : elles se ressemblaient toutes à s'y méprendre.

Les hommes virent débarquer avec stupeur des voyageurs de l'espace qui avaient l'air de très grands chats : fourrure, moustaches, oreilles, griffes, prunelles, les similitudes étaient troublantes. Les créatures étaient seulement d'une taille bien supérieure. En comparaison, même nos lions paraissaient plutôt chétifs. Au demeurant, ces grands chats de l'espace se montrèrent d'une courtoisie exquise, d'un caractère paisible et raffiné, d'une intelligence aussi profonde que subtile.

Ils avaient discrètement étudié nos cultures, nos coutumes, nos langues, notre histoire, et le contact s'établit donc en toute harmonie. Ils possédaient des connaissances prodigieusement avancées qui leur avaient permis de traverser les gouffres intersidéraux, et les hommes, bien sûr, étaient avides d'apprendre.

Tout fut mis en œuvre pour les recevoir dignement.

L'ONU les invita solennellement. Le président des États-Unis organisa une fête immense en leur honneur à la Maison Blanche. Ils furent les hôtes choyés de la reine d'Angleterre à Buckingham Palace et du Parlement européen à Strasbourg. On leur fit visiter Saint-Pierre de Rome, le Louvre, le Parthénon, les Pyramides, le Tâj Mahal, les vestiges d'Angkor, Wall Street et la Bourse de Tokyo. Ces excursions et ces cérémonies semblaient les enchanter.

Mais l'heure approchait où les explorateurs allaient devoir quitter la Terre.

Pour remercier le genre humain de son accueil chaleureux, les spationautes proposèrent d'emmener avec eux une délégation humaine des deux sexes, représentative des divers peuples et nations du globe. Ainsi les hommes pourraient s'initier sur place aux fabuleux secrets techniques des visiteurs d'outre-ciel. La proposition fut acceptée avec enthousiasme.

Le jour du grand départ, le commandant du vaisseau offrit aux terriens un ultime cadeau en guise d'adieu.

Il s'agissait d'un petit manuel, rédigé dans la langue des explorateurs, et intitulé : *Le Jeu de l'homme.*

On mit du temps à décrypter le texte. Lorsque la traduction fut terminée, les grands chats spationautes et leurs convives humains étaient déjà à des années-lumière.

Et voici ce que l'on découvrit. Sur la planète d'origine des chats pullulaient jadis des petits bipèdes en tout point identiques aux hommes. Or les grands félins de l'espace étaient particulièrement friands de ces anthropoïdes. Et ils organisaient de vastes jeux carnassiers sur toute la surface de leur monde, des jeux cruels et sophistiqués qui s'achevaient en immenses festins collectifs et ludiques. Seulement depuis quelques siècles, les proies se raréfiaient et les chasseurs se sentaient de plus en plus tragiquement frustrés. Tout l'équilibre de leur belle société risquait de s'effondrer.

D'où ce raid intergalactique, dans l'espoir de renouveler les réserves de gibier.

L'expédition était un franc succès.

Le Jeu de l'homme était un petit manuel sur les différentes techniques de chasse à l'homme et les mille manières de jouer avec les proies humaines captives.

L'âge sombre

Les chats eurent leur âge de ténèbres. L'horreur et l'épouvante étaient leurs plus fidèles servantes. Dans les campagnes froides et les cités lépreuses du Moyen Âge, ils erraient en groupes de fugitifs affamés et persécutés.

Les rats, en ce temps-là, étaient vraiment énormes, féroces et bien organisés. Ils décimaient des villes entières en répandant la peste et ravageaient les greniers à provisions. Même les plus intrépides matous ne pouvaient se mesurer à un tel fléau.

Alors les hommes qui ne voulaient pas de bouches inutiles à nourrir les chassaient brutalement loin des habitations : plus de bons morceaux à chaparder, plus de lait bien crémeux, plus de panier douillet. Il fallait se contenter d'un méchant trou, au creux d'un arbre mort. Plus d'amoureuses randonnées sur les toits au clair de lune : les ronces, les cailloux, la pluie, le gel et les tempêtes. La grande pénurie de nourriture, de chaleur, de caresses.

Bien pis, les hommes, ces loups à l'imagination perverse et tourmentée, allaient jusqu'à infester les forêts de pièges. Lorsqu'un chat s'y prenait, on l'écorchait, le dépeçait et le servait, dans des auberges louches, rôti, farci, ou mitonné en civet. Des cuisiniers faussaires annonçaient des gibelottes de lièvre ou du ragoût de lapin. Quant à la fourrure, on en faisait des coiffes ou des mitaines.

C'était un temps de honte et de misère.

Une seule espèce d'individus manifestait quelque compassion à l'égard des matous, les hébergeait et les soignait avec les moyens du bord. C'étaient de petites vieilles végétant au fond des bois dans des chaumières pouilleuses où elles mangeaient plus souvent de la soupe aux orties que de la poule au pot ou de la confiture de roses.

Or ces pauvresses, qui évitaient le monde, le plus souvent par gêne et discrétion, passaient aux yeux du peuple pour d'horribles sorcières, des goules voraces, teigneuses, dont on devait craindre le pire. Comme elles avaient souvent un balai à la main pour disperser les monceaux de feuilles mortes qui obstruaient leur porte, on prêta toutes sortes de pouvoirs redoutables à l'ustensile ménager. Grâce à lui, et à califourchon sur son manche, les vieilles devaient fendre les airs comme des chauves-souris, et se rendre au sabbat, où elles dansaient, ripaillaient et forniquaient avec le diable jusqu'à l'aube.

Et les chats n'étaient autres que des esprits familiers, incubes, succubes et lémures, dociles serviteurs et complices de Satan. Donc les proscrire ne suffisait pas. Il fallait les traquer, les capturer, les faire juger par la Très Sainte Inquisition, puis les soumettre à la question, les torturer longuement, savamment, leur arracher les yeux et leur broyer les pattes, avant de les jeter à la rivière, bien ficelés dans un sac avec une lourde pierre, ou de les faire griller sur un bûcher.

Au cours de cette sombre et lamentable époque, les chats gagnèrent une résistance incomparable. Ils apprirent à survivre aux pires dangers, à surmonter les expériences les plus cuisantes. Ils s'adaptèrent à tout : la forêt, le désert, la glace, la canicule, les tornades, et surtout, surtout, l'insondable bêtise et l'indépassable cruauté des hommes.

À force de subir ces siècles d'étouffante obscurité, les chats développèrent une vue prodigieusement perçante. Ils apprirent à distinguer nettement la moindre brindille, même au cœur de la nuit la plus opaque.

À force d'être accusés de sorcellerie, les chats finirent par posséder de vrais pouvoirs magiques et surnaturels.

Vous pouvez vérifier.

Appelez votre chat. Il ne se passera rien. Cherchez-le, encore et encore, sous les meubles, dans les recoins les plus cachés, vous ne le trouverez pas. Pourtant tout est fermé dans la maison. Pas la moindre porte ou fenêtre entrebâillée. Votre chat a disparu. Déjà vous vous apprêtez à alerter le voisinage. Vous vous habillez à la hâte, prenez vos clefs, vous êtes sur le point de sortir.

Et soudain il est là, sous votre nez, comme si de rien n'était, sauf peut-être cette minuscule étincelle moqueuse au fond de sa prunelle.

Il était simplement passé dans une autre dimension.

Le chat rouge

Dans sa jeunesse, Karl Marx était un doux poète, rêveur, sentimental, et diablement romantique. Il avait même tendance à vagabonder au fil de méditations vagues, peuplées de métaphores éthérées.

Un chat qui l'avait pris en affection, grand amateur de chaos et très versé dans les subtilités de la dialectique hégélienne, lui dit un jour :

– Camarade Marx, tu perds ton temps à écrire de la vaine poésie, que personne d'ailleurs ne lira, alors que tu pourrais changer la face du monde et apporter le bonheur à tes semblables...

– Et que dois-je faire, camarade chat ? demanda le jeune auteur.

– La grande révolution, camarade. Et tout d'abord, écrire la nouvelle bible des révolutionnaires du temps futur.

L'Allemand, qui était au fond assez influençable, s'attela à la tâche. Il écrivit ainsi coup sur coup *Le Capital*, *Le Manifeste communiste*, et quelques autres textes passés depuis à la postérité.

Des années plus tard, le chat, ou un matou de sa

lignée, rencontra Vladimir Oulianov, un petit Russe en exil qui se faisait appeler Lénine.

– Camarade Lénine, c'est bel et bon de palabrer pendant des heures dans des bistrots enfumés devant des groupes de marginaux fiévreusement admiratifs. Mais tu aurais bien mieux à faire.

– Quoi par exemple, camarade chat ?

– Si tu veux changer la face du monde et faire le bonheur de tes semblables, mets donc la sainte Russie à feu et à sang.

Il y eut la révolution d'Octobre et les massacres consécutifs.

Quelques décennies plus tard, le chat, ou un félin de sa descendance, susurra à l'oreille des camarades Staline et Mao quelques judicieux conseils en matière d'hécatombe – toujours au nom du bonheur de l'humanité.

Les années passèrent. Le chat, de plus en plus féru de dialectique, jugeait ses élèves bien timorés. Quelques-uns, en Afrique ou en Asie, avaient manifesté des talents prometteurs. Mais aucun n'avait atteint les sommets espérés.

Un jour, un dictateur terroriste particulièrement performant réussit quand même à s'assurer la possession de l'arme la plus imparable : il suffisait d'appuyer sur une touche d'ordinateur pour anéantir la majeure partie de l'espèce humaine. Le tyran hésitait néanmoins. Le chat surgit derrière lui :

– Appuie donc, murmura-t-il, camarade Président, sans quoi c'est toi qui seras détruit ! L'homme obéit.

– Eh bien, demanda-t-il, serai-je enfin considéré comme le sauveur et le maître du monde ?

– Hé ! Hé ! ricana le chat. Décidément, les hommes sont nuls en dialectique. J'ai menti depuis le début...

Et il alla se mettre à l'abri, dans quelque trou douillet.

Le chat d'Ignace

Ignace occupait depuis toujours un pavillon exigu, au cœur d'une de ces interminables banlieues grises et insipides où l'œil ne retient que deux couleurs : celles de la tristesse et de l'ennui. Après une carrière de fonctionnaire subalterne, célibataire, sans enfants ni ami, il partageait sa vie de petit retraité paisible et irréprochable entre les commissions du matin, la petite promenade de l'après-midi selon un invariable itinéraire, et les petits plats du midi et du soir devant les mêmes émissions de télévision. Il saluait à peine ses voisins et adressait tout juste la parole aux commerçants.

Mais au milieu de ses mille manies et rituels quotidiens, Ignace avait une passion secrète pour les chats, passion étrange et qui tournait à l'obsession.

À peu près tous les six mois, il recueillait chez lui un chat perdu et affamé. Les premières semaines, il le soignait, le nourrissait, le dorlotait, le comblait des attentions les plus délicates. Il allait même acheter des familles entières de souris blanches qu'il lâchait dans la cave du pavillon, ce qui permettait aux matous d'exercer leurs talents de chasseurs.

Au fil des mois, son attitude se modifiait insensiblement. La pâtée, servie d'abord dans de belles assiettes, était jetée à même le sol. Les portions devenaient de plus en plus congrues, inconsistantes. Il y mêlait toutes sortes de déchets immondes. La pauvre bête était obligée de laper le carrelage à la recherche de quelques miettes ou traces comestibles. Quand le matou s'approchait d'Ignace pour réclamer plaintivement une ration supplémentaire, le bonhomme lui décochait de méchants coups de pied dans les côtes ou sur le museau. Puis il le chassait et l'enfermait dans la cave. Ce qui lui inspirait surtout une jouissance extrême, c'était de rester pendant des heures à écouter les gémissements désespérés des matous captifs, et leurs griffes lacérant tragiquement les murs.

À la fin, poussé par une espèce de haine meurtrière, il se munissait d'un long fil de Nylon avec lequel il étranglait l'animal amaigri, épuisé par de longs jours de jeûne et d'angoisse. Puis il fourrait le cadavre dans un sac poubelle qu'il jetait devant la porte.

Dès le lendemain, il se mettait en quête de sa prochaine victime.

Il avait ainsi plusieurs dizaines de mises à mort à son actif. Un jour, au cours de sa promenade quotidienne, il croisa un énorme chat noir qui se frotta contre ses jambes en ronronnant et le suivit spontanément jusqu'au pavillon.

Dès les premiers temps de leur cohabitation, ce chat-là manifesta des traits de caractère et un comportement assez inhabituels. Il n'acceptait de manger qu'attablé en face d'Ignace. La nuit, il exigeait de partager son lit. Il refusait toute nourriture pour animaux. Il lui fallait du steak bien tendre, du poulet fermier ou du poisson frais. Il dédaignait son plat et sa litière, préférant bizarrement s'accroupir sur le siège des toilettes. Ignace lui passa tous ses caprices, en songeant que la torture finale n'en serait que plus délectable.

Au bout de quelques semaines, l'homme se mit à éprouver des sensations inconnues.

Dès qu'il s'installait pour commencer son repas, de curieux picotements lui démangeaient le dos et lui tiraient les muscles des jambes, l'obligeant à saisir son assiette, à la poser sur le sol et à se mettre à quatre pattes pour lécher et laper directement son contenu. Mais quelque chose lui manquait, de plus en plus cruellement.

Un matin, n'y tenant plus, il ouvrit une des nombreuses boîtes de Ronron entassées dans un placard de la cuisine et la vida dans une assiette, sur le carrelage. Avec une excitation croissante, il huma l'exquis fumet qui s'en dégageait. Un frisson extatique lui parcourut l'échine. En ronflant et grondant de plaisir, il absorba la précieuse pitance. Tout autre menu lui parut soudain bien fade.

Cette nuit-là, il bondit brusquement de son lit. Les draps, l'oreiller, le matelas lui étaient insupportables. Il alla se coucher par terre, lové dans un coin de la chambre, sur une vieille couverture mitée.

La semaine suivante, il courut s'acheter une colonie de souris blanches qu'il poursuivit dans toute la maison et qu'il croqua les unes après les autres, chaudes, palpitantes, vivantes, en commençant par la tête.

Le chat, juché sur une commode, l'observait sans bouger, d'un œil indifférent et légèrement sarcastique.

Un soir, Ignace ouvrit le placard pour prélever sa ration de pâtée. Toutes les boîtes de Ronron avaient disparu. Écumant de rage et de frustration, il mit la maison sens dessus dessous. L'escamotage des conserves le plongea dans un abîme de prostration.

Le chat, toujours perché sur la commode, le regardait d'un air goguenard.

Ignace ne pouvait plus avaler une seule bouchée de cette nourriture humaine qui maintenant l'écœurait.

De temps à autre, il découvrait, éparpillées sur le sol, quelques traînées de son merveilleux Ronron qu'il léchait aussitôt avidement, sans se demander d'où provenait cette manne.

Il se mit à maigrir et à dépérir.

Un jour, il se traîna jusqu'à la porte d'entrée pour faire un saut chez l'épicier du coin. Le gros chat noir lui barrait le passage, grognant, feulant, crachant, hérissé d'une manière si menaçante et si farouche qu'Ignace n'insista guère. Puis le matou, qui semblait grossir de seconde en seconde, le précipita dans l'escalier de la cave.

L'homme tenta de hurler pour appeler à l'aide, mais il ne réussit à émettre qu'un chétif miaulement de chaton apeuré.

Quelques jours plus tard, des passants, alertés par l'odeur, trouvèrent le cadavre d'un petit retraité enfermé dans un sac poubelle, étranglé avec un mince fil de Nylon.

Faits divers

Tout a commencé avec la mégère d'en face, celle qui se fait des frisettes blondes, change de robe chaque jour, et croule sous des bijoux de pacotille. Elle a massacré mon cher vieux compagnon, le père habituel de mes petits, celui dont les jeux amoureux faisaient parfois scintiller les heures de la nuit. Elle l'a écrasé un soir, dans cette voiture qu'elle conduit toujours comme une frénétique. Il s'apprêtait justement à me rejoindre.

Ma peine fut profonde, et immense ma haine.

Et puis les choses ont continué avec ce petit retraité dont je partage le pavillon, et qui se croit tout permis sous prétexte qu'il achète ces paquets d'insipides croquettes au supermarché du coin. Ce vieillard racorni est un maniaque du rangement, de l'ordre et de la propreté. Il passe le plus clair de son temps à sillonner le pavillon à la recherche de traces de poussière, de taches suspectes ou d'objets déplacés. Le moindre manquement le bouleverse et le plonge dans des fureurs bêlantes.

Ma dernière portée a vu le jour peu après le

meurtre de mon compagnon. Avec des airs de conspirateur, le petit vieux s'est empressé de kidnapper mes chatons nouveau-nés pour aller les supprimer en cachette, dans une arrière-cour sordide.

L'horreur était totale et mon désarroi insondable. Je résolus de me venger, à la fois de la voisine et du rentier.

Cette garce promenait chaque jour sa chienne, une espèce de pimbêche enrubannée, un caniche stupide qui remuait sans arrêt un ridicule moignon de queue. Cet animal fébrile pissait ponctuellement tous les matins devant la porte d'entrée de notre pavillon. J'entendais le vieillard furibond s'étrangler de colère : « Ah, la truie ! Ah, la pouffiasse ! Elle veut la guerre ! Elle va voir ce qu'elle va voir ! »

Jusqu'alors, on n'avait rien vu de très intéressant, si ce n'est les quotidiennes traînées d'urine. Je décidai d'envenimer un peu la querelle.

Chaque nuit, je m'esquivais discrètement et vidais les poubelles du quartier. Puis, j'entassais les détritus dans le jardinet du vieux goujat. Ensuite je me faufilais doucement jusqu'à son lit et lui susurrais à l'oreille, tandis qu'il dormait profondément : « Hé ! Hé ! Hé ! Ta voisine a encore jeté ses ordures chez toi ! »

La première fois, je craignis de le voir foudroyé par une attaque. Puis il se mit à grommeler toutes sortes d'injures incohérentes. « Grognasse ! Putain ! Salope !... » et bien d'autres vocables bariolés.

Il y eut quelques altercations en pleine rue, mais la mégère à frisettes affecta de dédaigner et d'ignorer le malappris.

Moi, un peu avant l'aube, je continuais de glisser à l'oreille du vieux : « Hé ! Hé ! Hé ! Ta voisine a encore jeté ses ordures chez toi ! »

Trois semaines plus tard, le retraité sortit de chez lui, traversa la rue d'un pas lourd. Quand la voisine lui ouvrit, il lui déchargea sa carabine en pleine poitrine.

Depuis son arrestation, j'ai appris par le chat du commissariat qu'il était devenu complètement cinglé. Il paraît qu'il passe ses journées à nettoyer sa cellule et à traquer les grains de poussière.

Moi, j'ai refait ma vie.

Contes moustachus

Celui-qui-n'en-fait-qu'à-sa-tête

Une princesse chatte – la plus belle des chattes et des princesses – résolut de se marier.

Dans tout le pays et les provinces avoisinantes, elle fit savoir qu'elle invitait les prétendants à se présenter, afin qu'elle pût choisir l'élu et futur prince. La situation était fort délicate, car les félins vaillants et séduisants ne manquaient pas dans la région. La compétition s'annonçait très serrée.

« Je donnerai mon cœur, dit-elle, au chat le plus accompli, au chat *le plus chat* de tous les candidats ! »

Tant de matous convoitaient la main de la princesse qu'il fallut procéder à de sévères éliminatoires. Finalement on ne retint que six postulants, ceux qui avaient la plus fringante et fière allure.

Le premier était un superbe félin tout tigré, svelte, élégant, puissant, avec des griffes remarquablement acérées. Il s'inclina cérémonieusement devant la princesse et déclara :

– Moi seul te mérite, ô divine, car nul ne parvient à m'égaler dans la chasse aux souris et même aux plus gros rats ! De plus, ajouta-t-il en ponctuant ses paroles d'un jet d'urine triomphante, j'ai déjà engrossé plus de mille chattes dans les parages ! Avec moi, tu es sûre d'avoir une innombrable descendance !

Le deuxième était un magnifique rouquin au pelage flamboyant qui bondissait avec une souplesse, une grâce et une agilité peu communes.

– Désigne-moi, ô Exquise, car moi je sais attraper n'importe quel oiseau en plein vol ! Qui peut en dire autant ? En outre, je peux copuler cent fois de suite sans éprouver la moindre fatigue... Avec moi, tu seras continuellement comblée !

Le troisième était un chat tout blanc, aux mines particulièrement feutrées, charmantes et précieuses :

– Ô Perle des nuits, s'écria-t-il, on dit généralement que notre espèce craint l'eau, or moi je nage comme personne et je sais harponner les poissons les plus vifs au fond de la rivière... Et puis je suis maître dans l'art des caresses et des câlineries amoureuses. Avec moi, ton existence ira d'extase en extase...

Le quatrième était un noble siamois, tout en subtilité, en courbes harmonieuses et en raffinement pointu. Il exécuta une profonde révérence et s'exclama :

– Ô Incomparable, nul ne peut rivaliser avec moi en ruse, en subterfuge et en malice ! Je réussis à faire prendre mes moustaches pour un nid douillet aux étourneaux et aux bécasses... Ainsi je saurai te protéger contre tous les périls !...

Le cinquième était un splendide seigneur persan bleu à qui l'épaisse fourrure soyeuse et luisante donnait une silhouette vraiment royale :

– Ô Inestimable ! Ô Pur Joyau crépusculaire ! énonça-t-il d'une voix vibrante et suave, moi seul suis digne de ton altesse sérénissime, car je peux, par la magie de mes miaulements irrésistibles, envoûter n'importe quelle créature... Avec moi, personne ne pourra te résister !

Le sixième était un mistigri plus noir que les ténèbres dont les prunelles vertes jetaient des éclairs redoutables.

– Ô Belle entre les belles, moi je suis un grand sorcier. Les esprits m'obéissent, les farfadets et les lutins sont mes esclaves, même les plus hideux spectres se gardent bien de m'affronter. Je saurai mettre ma science et mes pouvoirs au service de ton adorable personne. Tu seras la plus adulée, la plus prestigieuse !

La princesse était perplexe. Elle se sentait hésitante et déconcertée, pour tout dire incapable de se décider. Comment départager tous ces ardents champions ?

Alors surgit brusquement un prétendant de dernière minute. Il était borgne, avec une oreille à moitié arrachée. Son poil, d'une couleur incertaine, était tout hérissé, maculé, d'une propreté quelque peu douteuse. Sans autre formalité, il se planta devant la princesse et dit d'une voix rauque, un peu cassée :

– Je suis celui-qui-n'en-fait-qu'à-sa-tête ! Et si tu me choisis, fillette, je n'en ferai qu'à ma tête !

« Voilà vraiment le plus chat de tous les chats », songea la princesse.

Et elle l'épousa sans plus tarder.

La femme des premiers âges

(d'après Rudyard Kipling)

Lorsque la femme des premiers âges eut aménagé sa première maison, une cabane certes rudimentaire mais qui protégeait bien du froid et des intempéries, lorsqu'elle eut installé son premier âtre et fait cuire son premier bouillon, un jeune chat, attiré par la chaleur et alléché par les fumets appétissants, vint gratter à sa porte.

– Qui es-tu et qu'espères-tu de moi ? demanda la femme, tout affairée à sa marmite.

– Je suis un chat, et je veux profiter de ton hospitalité.

– Pas question, dit la femme des premiers âges, il n'y a pas de place ici pour toi, et je n'ai pas de nourriture en trop ! Va-t'en, sale bête, et ne reviens plus, si tu ne veux pas que je te torde le cou !

Le chat s'esquiva, mais demeura discrètement dans les parages.

La nuit suivante, il entendit des hurlements provenant de la hutte. À travers une fissure, il aperçut la femme, juchée sur un tabouret. Ses traits étaient déformés par des grimaces de terreur, et elle ne pouvait se retenir de crier. Au sol se tortillait et furetait une minuscule souris.

– Hélas ! s'égosillait la femme. Comment se débarrasser de ce monstre ? Et puis, si mon homme rentre de la chasse, il va me trouver laide et barbouillée. Il me répudiera.

– Ô femme, dit le chat, si je te rends ta beauté, me laisseras-tu dormir sous ton toit ?

– C'est promis, gémit-elle, mais je ne vois pas comment...

Le chat bondit dans la cabane et croqua la souris.

La femme des premiers âges redevint belle et dut tenir parole.

Les jours et les semaines passèrent, l'homme n'était toujours pas de retour. La femme languissait et se morfondait. Sa tristesse faisait peine à voir. Elle s'étiolait sur place.

– Ô femme, dit le chat, si je te rends ta gaieté, me laisseras-tu partager ta nourriture ?

– C'est promis, accepta-t-elle en hochant mélancoliquement la tête. Mais je ne vois pas comment...

Le matou s'empara alors d'un petit bout de paille et se mit à jouer comme un fou, exécutant mille galipettes et cabrioles burlesques. Et à la fin, la femme pouffa de rire. Ayant retrouvé sa gaieté, elle dut tenir parole.

Chaque matin, le chat eut une écuelle bien remplie au coin du feu.

Des semaines plus tard, la femme apprit que son homme était parti rejoindre une fille d'une contrée lointaine. Elle entra aussitôt dans une fureur sauvage. Il s'ensuivit une longue période de colère qui se mua peu à peu en humeur acariâtre et détestable. Un jour le chat lui dit :

– Ô femme, si je te rends ton humanité, m'accorderas-tu ton amitié ?

– C'est promis. Mais ne compte pas là-dessus. Ça m'étonnerait que tu réussisses...

Le matou attendit le milieu de la nuit, puis se postant à l'extérieur de la cabane, il se mit à émettre des miaulements plaintifs et déchirants. Il y avait de quoi fendre le cœur. Réveillée en sursaut, la femme des premiers âges sortit l'âme tout apitoyée et chavirée.

– Quelle est la pauvre créature abandonnée qui pleure ainsi toute seule dans le noir ?

Découvrant le chat, la femme dut reconnaître que le félin lui avait bel et bien rendu son humanité.

Bien plus tard, quand elle fut assaillie par les misères et les fatigues de la vieillesse, la femme se mit à redouter la mort au point qu'une lancinante angoisse ne la quittait plus et lui gâchait ses dernières belles saisons.

– Ô femme, dit le chat, si je te rends ta sérénité, promets-tu de me rendre ma liberté ?

– Soit, mon ami. Mais cette fois-ci, je crains que ce ne soit vraiment impossible...

Le chat se mit à ronronner, ronronner. Et la femme des premiers âges, détendue, ressentit une plénitude inconnue.

Bien sûr, elle dut tenir parole.

La poudre à dragons

Un chat, marchand ambulant de son état, maître dans l'art du commerce et au demeurant assez filou, sillonnait les vastes contrées du Céleste Empire. Il allait de village en village et proposait à sa clientèle une certaine poudre servant à éloigner les dragons. Ce produit, expliquait le marchand, dégageait une subtile puanteur indétectable aux narines ordinaires mais tout à fait insupportable pour les dragons, dont l'odorat est comme chacun sait exceptionnellement développé.

Le chat prospérait, sa poudre étant fort appréciée de la clientèle. Nul n'en contestait le sérieux et l'utilité.

Un jour, il pénétra dans un pays inconnu dont les habitants l'accueillirent plutôt fraîchement.

– Vous ne craignez donc pas les dragons, dans le coin ?

– Bah, dit un villageois, il n'y a pas de dragons par ici ! D'ailleurs, il y a belle lurette que ça n'existe plus.

– Eh bien, dit le chat, vous voyez bien que ma poudre est efficace...

Lewis Carroll et le chat du Cheshire

Il est flagrant que Charles Dodgson, plus connu sous le pseudonyme de Lewis Carroll, n'est pas l'auteur d'*Alice au pays des merveilles* ou *De l'autre côté du miroir*. Ce digne enseignant victorien, archidiacre anglican, professeur à Christ Church et Oxford, féru de logique, de mathématiques, de photographie et de sciences occultes, austère et prude comme la plupart de ses contemporains, affligé qui plus est d'un incurable bégaiement, et recherchant avec une fébrilité obsessionnelle la compagnie de très jeunes filles largement prépubères, ne pouvait composer une œuvre aussi troublante et aussi originale.

En fait, Charles Dodgson, alias Lewis Carroll, n'avait qu'un seul talent, peu ordinaire : il comprenait le langage des chats.

Sa nature bucolique le portant à flâner dans les sous-bois, il y rencontra un soir le célèbre chat du Cheshire, qui, perché sur une branche, humait les senteurs de la brise en prenant un bain de pleine lune.

Le dialogue s'engagea aussitôt, d'autant que le félin avait rarement l'occasion de côtoyer un homme capable de décrypter ses propos. Aussi décida-t-il de se révéler à cette créature bipède, un peu falote mais sympathique, sous son véritable aspect. Car les chats s'affublent toujours d'un masque impénétrable et trompeur à l'approche d'un humain.

Lewis Carroll fut donc un peu surpris de voir apparaître entre le feuillage ce gros matou qui souriait à pleines dents, et ses crocs acérés brillant dans l'ombre presque autant que ses immenses prunelles vertes. Troublé, et même un peu impressionné, le digne professeur salua le chat et lui demanda respectueusement :

– Pouvez-vous m'expliquer, soit dit sans vous offenser, pourquoi vous souriez de la sorte ?

– Mon petit monsieur, il n'y a là rien que de très habituel. Tous mes congénères sourient en permanence de la sorte. Seulement nous donnons le change. Vous autres humanoïdes nous voyez avec une mine grave, compassée, renfrognée. C'est beaucoup plus drôle ainsi.

– Et pourquoi cette mise en scène ?

– Mais, mon petit monsieur, parce que nous sommes fous. D'ailleurs, vous aussi vous êtes fou. Et il n'y a par ici que des fous.

– Et qu'est-ce qui vous permet, je vous prie, d'affirmer que nous sommes fous ?

– D'abord, le propre des fous, n'est-il pas de voir

des fous partout ? Or je vous l'ai dit, je suis fou. De plus, mon petit monsieur, une stricte et rigoureuse observation vous montrera combien j'ai raison. Tenez, là, tel que vous êtes, vous allez quelque part. Une fois que vous y serez vous voudrez aller autre part, puis encore ailleurs, pour revenir ici, et ainsi de suite, sans fin ni cesse, toujours persuadé que là-bas sera différent d'ici. Or si vous n'étiez pas fou à lier, vous comprendriez une chose : où que vous alliez, vous ne pouvez jamais être ailleurs qu'ici... Autre preuve, irréfutable. Vous conviendrez, je gage, que Dieu n'est pas fou. Or Dieu est immortel. Et nous mourons. Quelle folie ! Dieu est invisible, et nous nous exhibons à tous les vents ! Dieu est partout, et nous ne sommes qu'à un endroit précis ! Dieu aime tout l'univers ; et nous nous acharnons à supprimer tout ce qui n'est pas nous ! Folie, vous dis-je, folie ! Voici mon diagnostic : si vous voulez guérir, un seul remède : devenez Dieu !

– Je vous avoue que je n'entends goutte à vos élucubrations.

– Vous êtes décevant, grommela le chat du Cheshire, et vos facultés sont vraiment très limitées.

Et il disparut brusquement. Mais curieusement, son large sourire demeurait suspendu entre les branches et paraissait flotter dans l'air.

« Comme c'est curieux tout de même, s'étonna Lewis Carroll, un sourire sans rien ni personne autour... Peut-être a-t-il jugé mes propos discourtois ou cavaliers. » Il supplia le félin de revenir en s'excusant platement. Le chat réapparut bientôt, tout sourire dehors.

– Que me conseillez-vous, demanda humblement le professeur.

– Deux choses, mon petit monsieur, d'abord souriez, ensuite disparaissez... et revenez demain, si vous êtes toujours aussi fou...

Lewis Carroll suivit ses judicieux conseils. Et c'est ainsi que, dès le lendemain, le chat du Cheshire se mit à lui dicter les aventures d'*Alice au pays des merveilles*, puis, dans la foulée, le texte de *De l'autre côté du miroir*.

Deuxième rencontre de Lewis Carroll avec le chat du Cheshire

Lewis Carroll rencontra encore le chat du Cheshire en se promenant un jour au bord de la Tamise avec son ami, le bourreau de Londres, homme affable, expert en botanique et très féru de généalogie.

Tout à coup apparurent, sans support visible et sans corps détectable, un large sourire, des oreilles pointues, deux vastes prunelles vertes et des moustaches hérissées.

– Comment allez-vous, mon petit monsieur ? demanda le chat.

– Quelque chose me chiffonne, grommela l'écrivain. Comment diable pouvez-vous tenir en l'air, juste votre tête avec ce satané sourire ?

– Est-ce une nouvelle variété de plante exotique ? demanda le bourreau. Connaît-on sa filiation et sa lignée ?

– Vous êtes complètement à côté de la question, intervint le chat. Moi, je n'ai pas du tout de tête. Vous autres, vous en avez à revendre. Voilà pourquoi nous nous complétons si bien.

– Quel fieffé menteur, cet animal, s'écria une fillette qui jouait au cerceau dans le voisinage.

Cette petite fille s'appelait Alice. Malgré son air très sage et respectable, c'était une gamine farfelue, cruelle, et même un rien perverse.

– Si ce minet n'a vraiment pas de tête, reprit-elle, alors qu'on la lui coupe !

Et elle invita instamment le bourreau à remplir son office.

– Je ne comprends rien à vos histoires, se renfrogna ce dernier. D'ailleurs comment décapiter une tête sans corps ? Et puis moi, sorti de mes plantes et de mes arbres généalogiques...

– Mademoiselle, ricana le chat, je suis déjà décapité. Votre suggestion n'est pas seulement méchante : elle est aussi stupide !

Un juge, qui condamnait chaque jour, sans distinction, bon nombre de coupables et d'innocents, passait là par hasard. On le pria d'exercer son arbitrage.

– Si vous ne pouvez couper celle-là, énonça-t-il sentencieusement, coupez donc toutes les autres ! Une de perdue, dix de retrouvées !

L'hilarité du chat était maintenant béante. Alice trépignait en tapant des mains et en s'égosillant :

– Oui ! Oui ! Oui ! Qu'ils soient tous exécutés ! Exécutés !

– Vous avez tort, mademoiselle, de plaisanter ainsi, protesta Lewis Carroll. On ne doit jamais badiner de la sorte !

– Mon petit monsieur, ronronna le chat, vous avez décidément l'esprit obtus. Vous ne voyez donc pas que vous êtes vous aussi déjà guillotiné ? C'est pourtant évident ! Regardez bien : y a-t-il où que ce soit, au-dessus de votre cou, quoi que ce soit qui ressemble à une tête ? Là tout est dégagé, ratiboisé, ouvert. Il n'y a qu'un espace vide. Comment pourrait-on y tailler quoi que ce soit ?

– Ces propos sont trop obscurs et abscons, dit l'écrivain. Je préfère rentrer pour préparer mes cours.

Sigmund Freud

Un soir, peu avant son dramatique départ de Vienne, le vieux professeur Freud rêvassait mélancoliquement à sa fenêtre, humant une dernière fois le parfum de cette chère cité que les autorités nazies l'obligeaient à quitter sans gloire, après des mois de tracasseries mesquines et de persécutions tatillonnes.

Un chat soudain sauta lestement d'une gouttière pour aller tranquillement s'installer sur le divan habituellement réservé aux patients ; mais, signe des temps, la clientèle se faisait rare, et les malades n'osaient plus se présenter chez ce médecin juif.

Le vieux maître éprouva quelque réconfort à la présence d'un compagnon, fût-il un chat de gouttière aux manières un peu cavalières.

– Si vous venez pour une séance, dit Freud en souriant, il faut d'abord qu'on se mette d'accord sur le prix de la consultation. Vous l'ignorez peut-être, mais ça fait partie de la thérapie.

Le matou, qui avait chapardé un saucisson dans une maison voisine, le poussa négligemment de la patte sur le tissu du divan.

– Après tout, pourquoi pas, dit Freud, ça pourra toujours servir en ces jours de pénurie. Eh bien, nous pouvons commencer. Je vous écoute.

Le chat faisait sa pelote en ronronnant. On percevait au loin les rumeurs de la ville, clameurs de foules fiévreuses, vociférations vagues et gutturales.

Freud, d'un geste nerveux, ferma la fenêtre. Le félin ronronnait toujours, imperturbable. Mais pas la moindre confidence, pas la moindre anecdote.

Le maître, un peu fébrile, comprit qu'il ne tirerait rien de cette créature butée. Alors, presque distraitement, le père de la psychanalyse se mit à évoquer à mi-voix son enfance, ses relations avec sa mère, ses rêves, les principales étapes de ses découvertes sur la libido et l'inconscient.

Le chat ronronnait toujours.

Freud parla ensuite de ses difficultés avec les patients, de leurs ruses, de leurs résistances. Il exposa aussi ses propres problèmes avec la drogue.

Le chat n'arrêtait pas de ronronner.

Soudain ce fut un grand silence. Le maître avait parlé pendant plus de deux heures. Sans même s'en rendre compte et sans avoir besoin de s'étendre sur le divan, il avait réussi une parfaite analyse.

À présent le chat ne ronronnait plus. Il avait bondi sur le rebord de la fenêtre, ses yeux disaient clairement à Freud : « La séance est finie. Ce sera tout pour aujourd'hui, maintenant, payez-moi. »

Sigmund alla chercher un steak bien tendre et bien juteux qu'il offrit au matou.

– Eh bien, reconnut-il, les chats sont bien meilleurs psychanalystes que moi et tous mes émules.

Les barbares

Nous aussi nous avons eu nos ères de grande barbarie et de sauvagerie forcenée où nous étions en proie à des aberrations et à l'avidité suicidaire.

Bien avant l'apparition des premiers hommes, quand leurs lointains ancêtres n'étaient encore que des singes grimaçants et débiles, gloussant, gesticulant, et se cherchant les poux à l'entrée des cavernes, ou fuyant piteusement à l'approche des grands sauriens, nous avons eu, nous aussi, nos industries et nos cités, nos policiers, nos commerçants, nos soldats, nos ministres, nos guerres et nos alliances, nos découvertes et nos exploits techniques, nos érudits et nos chercheurs.

Nous avons eu notre bétail et nos élevages, troupeaux de rats et de souris bien nourris, volières de tourterelles et de moineaux soigneusement entretenus.

Nous avons même eu nos religions et nos églises, quand nous avions l'extrême candeur de croire qu'un superchef cosmique, omnipotent et omniscient, avait créé cet univers à notre image et surveillait nos moindres faits et gestes. Nous avons eu nos fanatiques et nos illuminés.

Mais c'était il y a vraiment très, très longtemps.

Nous étions alors complètement soumis à un réseau complexe de lois sociales et familiales, étroitement dépendants les uns des autres, subjugués par les coutumes, les traditions, les règles morales. Les émotions les plus désordonnées dictaient notre conduite. La pesanteur des habitudes nous empêchait de respirer librement.

Nos relations amoureuses étaient si compliquées, si saugrenues, qu'elles finissaient par tarir la source simple et fraîche du vrai plaisir.

Nous aussi nous cultivions cette étrange superstition consistant à se persuader que chacun de nous possède une âme, représente une entité individuelle isolée, séparée, dotée d'un nom et d'une forme spécifique. Et nous aussi avions si peur de la mort, que nous menions une existence à contre-vie, arc-boutée sur les dangers, les risques, les probabilités d'échec, les paramètres de souffrance, les éventualités de catastrophe.

Une telle folie aurait pu nous pousser à quelque anéantissement collectif. Mais nous avons compris à temps le ridicule des organisations, l'égarante incongruité des croyances, l'inanité des conquêtes, la stupidité des attachements excessifs. Nous avons déserté nos villes, détruit nos équipements, relâché les rongeurs et les volatiles que nous engraissions dans nos fermes, renoncé à faire cuire nos aliments, abandonné toute forme de langage articulé, si bien qu'à présent nous n'avons plus besoin de nous expliquer pour nous comprendre.

De cette époque lointaine, nous n'avons conservé qu'un usage, celui d'enfouir nos excréments.

Pour la toilette quotidienne, notre langue est bien plus efficace que n'importe quel savon.

Aujourd'hui, nous sommes libres et pleinement heureux.

Depuis que le genre humain s'est fourvoyé dans nos erreurs passées, nous l'observons très attentivement. Ces grands singes imberbes imitent nos travers sans le savoir.

Nous aussi nous avions pris les chiens à notre service. Mais leurs manières d'esclaves nous ont lassés. Nous les avons vigoureusement écartés. Voilà pourquoi ils nous gardent une rancune atavique.

Nous laissons les hommes si naïfs nous traiter en animaux familiers, vaguement étranges et poétiques. Nous les laissons nous affubler de petits noms grotesques, alors qu'aucun de nous ne porte plus de patronyme depuis des millénaires.

Un seul point éveille parfois notre inquiétude : les hommes sont en train d'enlaidir, d'obscurcir, d'empoisonner cette merveilleuse planète, au point que notre intervention risque fort de devenir urgente. Nous nous concerterons alors avec la Nuit, notre amie de toujours, pour engloutir l'humanité au cœur de quelque soleil noir.

La nuit où l'enfer explosa

Un chat de haute et vieille lignée, connu pour sa ruse et sa sagacité, rencontra aux abords d'un cimetière le diable qui s'affairait à glaner quelques âmes en perdition.

Satan, toujours fanfaron, aimait à jouer les grands seigneurs et à impressionner son monde. Il invita le félin à visiter son domaine, où il serait l'hôte privilégié de l'infernal séjour. Bien sûr, il serait libre de rejoindre la surface quand bon lui semblerait. Le noble chat, que les expéditions aventureuses n'effrayaient guère, accepta poliment la proposition du prince des Ténèbres.

Les voici donc descendant gouffre après gouffre, jusqu'aux tréfonds de l'abîme, parmi des ciels fétides hantés de soleils glauques et d'astres purulents. Au côté de l'Ange déchu, le félin traversa des immensités désolées, où mûrissaient hideusement des ruines, des charniers, des cachots, des espaces concentrationnaires, des échafauds et des salles de torture et d'où s'élevait un brouhaha de gémissements, de hurlements et de cris d'agonie. Les horizons basculaient constamment sous l'effet de séismes, éruptions volcaniques ou raz de marée, auxquels tentaient en vain d'échapper des foules, ivres d'épouvante.

De toutes parts, des compagnies de démons s'en donnaient à cœur joie, poussant, piquant, traquant, harcelant la masse des damnés, comme un bétail récalcitrant.

À l'issue de la visite, le diable, qui adorait passer pour généreux et magnanime, dit au chat :

– Peu d'êtres ont le courage de me suivre jusqu'ici. Pour te témoigner mon estime, je consens à t'accorder une grâce. Formule un vœu, il sera exaucé.

Le félin réfléchit.

– Eh bien, soit. Voici mon vœu. Je veux prendre la place de tous les damnés de l'enfer. Car la vue d'une telle souffrance ne me laissera plus jamais en paix...

Satan devait respecter ses engagements. Mais il ne pouvait exaucer un tel vœu.

Et l'enfer aussitôt explosa.

L'homme est une légende

Depuis des lustres, l'espèce humaine avait disparu de la surface du globe, détruite par quelque cataclysme suicidaire, ou balayée par un de ces bouleversements cycliques inhérents à la vie des planètes.

Un lointain souvenir de la défunte humanité flottait encore dans la conscience de quelques créatures, mais l'homme passait généralement pour une légende, un mythe vaguement effrayant dont on peuplait les longues veillées d'hiver.

Un jour, un vieux matou archéologue – les chats étaient naturellement devenus l'espèce dominante – découvrit, lors d'une expédition dans une région perdue, aux confins des pôles, des vestiges d'une fabuleuse antiquité, miraculeusement conservée sous d'épaisses couches de glace. On exhuma des documents manuscrits, des dessins, des images.

Ainsi les chats, peu à peu, acquirent une connaissance précise de l'apparence, des habitudes et du comportement humains. C'était très excitant de voir quelle sorte de race les avait précédés dans l'empire du monde. Et quelles bizarres créatures, tout de même, que ces bipèdes – si fragiles, démunis, handicapés. Voilà des êtres qui n'avaient même pas de griffes rétractiles, qui étaient obligés de faire cuire leurs aliments, et se servaient d'étranges objets pour les manger, tellement ils avaient la mâchoire molle et la langue rigide, qui ne savaient même pas courir sur leurs quatre membres, qui étaient si débiles qu'ils avaient besoin de machines pour se déplacer, enfin dont le corps chauve était si exposé aux intempéries qu'ils devaient se fabriquer des peaux artificielles pour se protéger !

Une question grave préoccupa dès lors l'archéologue et son équipe : comment une race aussi faible et impotente avait-elle pu régner sur la Terre ? Il y avait là un mystère, quelque chose d'anormal et d'inexplicable.

Les fouilles continuèrent.

Après une longue période de vaines recherches, l'archéologue finit par découvrir, dans une couche plus profonde, les restes d'une colossale sculpture. Or ce géant de granit représentait un chat, un être titanesque au visage d'homme mais au corps de félin.

Alors l'évidence jaillit, fulgurante, dans l'esprit du vieux savant.

En fait, les hommes n'étaient bel et bien qu'une légende. Ils n'avaient jamais dominé la planète. Sans doute n'étaient-ils qu'une espèce subalterne, comparable aux diverses variétés de singes qui pullulaient dans certaines forêts. Non, les hommes n'avaient été que des animaux familiers, domestiqués par les chats des anciens âges qui s'amusaient à les vêtir, à les nourrir, et à leur fabriquer des jouets, poussant le raffinement, ou la malice, jusqu'à prêter visage humain à leurs divinités félines.

Le sujet d'expérience

Bien calé sur le siège de son habitacle douillet, le professeur pianotait agilement sur le clavier informatique lui permettant de contrôler et de surveiller les animaux captifs, ses sujets d'expérience.

De temps à autre, il s'arrêtait pour consulter une ou deux notes sur l'écran de la console. L'unité de recherche qu'il dirigeait s'était spécialisée dans l'étude du cerveau des mammifères et de l'intelligence animale.

En vue des innombrables tests, les bêtes avaient toutes été droguées, traitées, opérées ou greffées. On procédait notamment à l'implant d'organes artificiels ou électroniques. Certaines boîtes crâniennes étaient à vif, partiellement amputées de la calotte osseuse, afin de dénuder tel ou tel hémisphère cérébral qu'on reliait à un appareillage sophistiqué.

Il y avait là des rats, des singes, des chiens, des chats. Ils avaient tous perdu la faculté d'appeler ou de gémir, et le silence était impressionnant, à peine troublé par le faible crépitement soyeux et flûté des ordinateurs.

Seul le regard chaviré des animaux restait étrangement pesant, indéchiffrable.

Des centaines d'équations et de formules défilaient sur l'écran. Le professeur était en train d'évaluer les différents degrés de la terreur dans les cauchemars du chat. Il vérifiait scrupuleusement tous les symptômes – rythme respiratoire et cardiaque, décharges d'adrénaline, variations du flux circulatoire, signaux d'angoisse, de rage, de panique. Il observait l'évolution des courbes et des diagrammes indiquant les passages critiques, le basculement dans les états pathologiques et schizoïdes. Il travailla fort tard. Ses assistants avaient depuis longtemps quitté le laboratoire. La nuit était déjà très avancée. La fatigue s'empara insidieusement du chercheur. Ses paupières s'alourdirent, sa tête s'inclina, il s'endormit profondément. Lorsqu'il se réveilla, il n'était plus dans son laboratoire, mais chez lui, dans son lit.

Un gros chat noir était couché sur sa poitrine et le regardait fixement dans le noir. Il se sentait d'une faiblesse extrême, incapable de soulever une main ou de bouger la tête. Le gros félin immobile le fouillait de son regard incandescent. Était-il encore endormi ? En train de rêver ? Ou n'avait-il pas plutôt rêvé le laboratoire et ses travaux de recherche ?

Son psychisme était comme aspiré par les prunelles du chat, qui paraissait lui dire : « Tu comprends maintenant qui est le sujet d'expérience ? »

Ils nous prennent comme sujets d'expériences monstrueuses dans des laboratoires de cauchemars. Mais eux, de quels démons sont-ils les sujets d'expériences, à travers génocides, charniers, camps de la mort et destruction systématique de la nature ?

Les chats ont une insondable puissance de sommeil. L'histoire humaine est peut-être le rêve d'un chat doué d'un grand humour noir et d'une imagination passablement biscornue.

Les portes de la Nuit

Nous sommes les gardiens des portes de la Nuit. Douaniers crépusculaires, nous surveillons le passage des puissances de l'ombre et de celles du jour, nous épions la circulation du mystère. Nous limitons les flux migratoires clandestins de la lumière dans les ténèbres, et réciproquement. De nous dépend le juste et nécessaire équilibre entre l'harmonie et le chaos, le sens et le non-sens.

Nous fréquentons les créatures de l'abîme, toutes celles que l'homme ne voit pas, mais qu'il pressent avec terreur, fantômes, lémures, succubes, titans, démiurges, démons de toutes espèces. Nous côtoyons aussi les monstres de minuit, goules, vampires, loups-garous, gnomes, lutins et trolls, qui sèment la panique chez les enfants bipèdes, s'embusquent sous les lits, au fond des placards ou à l'angle des corridors obscurs. Notre vigilance est sans défaut. Nous percevons les êtres improbables qui ne se déplacent qu'à la lisière du champ de vision, les innommables entités géométriques nichées au carrefour d'espaces déments, et tous les invisibles prédateurs, déguisés en choses banales, en objets familiers – tas de pierres, vieilles brouettes, sacs poubelle, paires de ciseaux, branches mortes.

Sur cet hémisphère sombre du réel, vivent les peuples de la nuit. Nous connaissons leurs hiéroglyphes et leur sanscrit. La loi est simple et ne souffre aucune infraction. On doit scrupuleusement respecter les privilèges et les prérogatives des suzerains de l'ombre.

C'est seulement à ce prix que nous pouvons mener à bien notre mission d'intermédiaires et d'intercesseurs, voire de messagers entre les deux mondes.

Or depuis quelque temps, les hommes récusent et bafouent ces règles incontournables. Les enfants de la nuit n'ont plus droit de cité que dans des revues infantiles ou des films d'épouvante vulgaires. Les domaines du rêve et de la transe ne sont plus prospectés que par les vaniteux globe-trotters de la psychanalyse, qui regardent frileusement, bien à l'abri dans leur bulle chimique.

Les grandes fêtes et cérémonies nocturnes de jadis, bacchanales, saturnales, orgies sacrées, ont été remplacées par la furieuse tristesse de l'alcoolisme solitaire ou la catatonie des drogues dures. Les grandes éruptions de féerie érotique délaissées au profit de cette grisaille répétitive et glaireuse qu'est le commerce pornographique. La mort, cette grande dame qui autrefois venait à domicile avec sa belle charrette grinçante et son orchestre de squelettes grimaçants, la mort elle-même est obligée maintenant d'arpenter furtivement les couloirs d'hôpitaux et les salles d'urgence. Certains vont jusqu'à nier sa nécessaire toute-puissance et à contester sa souveraine présence en congelant leurs carcasses dans des caissons étanches.

L'homme refuse leur obole aux fous, aux voyants, aux saints, aux déments, aux fantômes.

Il enferme ce qu'il ne comprend pas dans des institutions psychiatriques, et il étouffe ce qui le trouble sous des montagnes d'anxiolytiques et de neuroleptiques.

Il se croit plus raisonnable alors qu'il est seulement plus aveugle, il se croit plus savant alors qu'il est plus obtus. Parce qu'il expédie des satellites dans l'espace, il pense avoir élargi ses connaissances, alors qu'il a rétréci et appauvri son champ d'expériences. Parce qu'il se consacre au pragmatique et à l'utilitaire, il se croit plus riche, alors qu'il a perdu le seul vrai trésor qui est la poésie des choses.

Et nous, gardiens des portes de la Nuit, allons bientôt ouvrir tout grand l'antique passage, pour que le peuple des ténèbres déferle sur ces bipèdes vantards et malfaisants.

Le sage de la SPA

Depuis toujours, ou presque, il attendait, dans cette cage exiguë où il avait tout juste la place de tourner sur lui-même. Dans un coin, une gamelle de croquettes délavées et un bol d'eau saumâtre où surnageaient des résidus peu ragoûtants. Puis le plat en plastique, rempli d'une litière qu'on ne changeait guère plus d'une ou deux fois par semaine.

Il attendait dans ce réduit fétide, silencieux, immensément seul, les yeux mi-clos, le museau immobile et les pattes repliées. Son pelage, autrefois rutilant, était à présent d'un gris sale, poussiéreux, des croûtes clairsemaient son front, et ses moustaches ne formaient plus que deux minces buissons rabougris, desséchés.

Dans les innombrables cages voisines, étaient détenus d'autres chats de toutes races et toutes couleurs. Il y en avait des jeunes, encore pleins de vigueur et de vaillance, qui déambulaient sans relâche pendant des heures, d'un angle à l'autre de leur cellule, d'une manière mécanique ; les révoltés qui sursautaient au moindre souffle, grondaient, crachaient, griffaient le gravillon du sol ou le métal souillé, tendant parfois rageusement la patte à travers les barreaux pour s'accrocher au vide ; les tristes, vaincus d'avance, frileusement pelotonnés dans le recoin le plus discret ; les clowns mélancoliques qui avaient encore la force de tenter des facéties et pitreries dérisoires, jouant avec une vieille croquette ou une feuille morte. Il y avait là les déments, les égarés qui s'égosillaient en interminables et stridents miaulements de bêtes qu'on saigne à mort.

Dans ce port du malheur, on eût dit comme un avant-goût des sirènes de l'enfer.

Dans certaines cages, les mères continuaient d'allaiter leur portée. Et les petits tétaient goulûment, inconscients de l'horreur où ils étaient plongés, ignorant le destin auquel on les vouait. Quelques très vieux matous, au-delà du désespoir, pouvant à peine mâcher leur mauvaise pitance, gueule ouverte et l'écume aux babines, marinaient dans l'infâme sirop de leur incontinence et de leur lassitude. D'autres faisaient des mines, prenaient des poses altières ou câlines, bâillant, s'étirant, se frottant aux barreaux. Il y avait aussi les fiévreux, les malades, les éclopés, les mutilés, toute cette population de miséreux, atteints de gale, de coryza ou de leucose.

De temps à autre, quelques rares passants venaient rôder autour des cages, sans doute à la recherche d'un animal perdu. C'était aussitôt une clameur déchirante, un opéra sauvage et suraigu où se mêlaient appels, lamentations, supplications, objurgations. Chacun y allait de son solo le plus pathétique pour émouvoir et convaincre les visiteurs furtifs et mal à l'aise. « Ouvrez-moi la cage ! Faites-moi sortir d'ici ! Adoptez-moi ! Regardez par ici ! Non ! Regardez par là ! Arrêtez-vous ! Arrêtez-vous ! Choisissez-moi ! » Pour mieux attendrir et amadouer leurs éventuels parrains, certains allaient jusqu'à quémander des caresses en ronronnant bruyamment.

Lui, un peu à l'écart dans sa cage, n'attendait rien ni personne. Jamais il ne se joignait aux cris des autres. Jamais il n'affichait aucun signe de détresse. Il était là, simplement, rien de plus, rien de moins.

À côté de lui, si majestueux et si présent dans sa misère et dans son abandon, les visiteurs humains, toujours pressés, vaguement penauds, avaient l'air d'ombres étranges, spectres fébriles dénués de vie et de substance.

La sagesse d'un chat peut être insoutenable.

ENTRECHATS

Je bondis sur la branche.
Mes griffes lacèrent le vent.
Elles ne laissent aucune trace.

Plus le bibelot est hors d'atteinte, plus sa chute est délectable.

Après des années de quête infructueuse
J'ai enfin découvert le pot aux roses :
Je suis immobile.

Les chats sont des créatures très pudiques. Une nuit, la lune les espionnait si bas sur l'horizon qu'ils résolurent de châtier un voyeurisme aussi intempestif. D'un bond prodigieux, tous les chats du monde sautèrent sur l'astre blême et tailladèrent ses grosses joues lisses à coups de griffes bien acérées. C'est depuis ce temps-là que la lune est toute marquée de trous et de cratères.

La gouttière est instable.
Les pattes sont infaillibles.

Les heures s'envolent à tire-d'aile.
Le merle d'à côté ignore les bonnes manières.
La moindre plume a un arrière-goût d'infini.

Le soleil cogne.
La canicule travaille les tuiles du toit au fer rouge.
Rien de bon hors de chez soi.
Les recoins sont pleins de minuscules odeurs délicieusement ambiguës.

L'eau froide est insultante.
Le poisson rouge n'a qu'à bien se tenir.
Rien ne me distrait jamais.

La route se déroule à l'infini.
Rien ne presse.
Du reste, il n'y a jamais personne.
Je marche lentement la queue haute.

Les papiers sont sacrés.
Mais l'encre sèche trop vite.
Les mots sont des égratignures sur la page blanche.
Les pensées sont plus fugaces que des moucherons.

S'acharner sur un flocon de neige.
Dédaigner le blizzard.
Disparaître dans la brume.

Je ne tutoie que les ténèbres.

Les rideaux sont des ailes.
Où se cache l'oiseau ?
Il faut les déchirer pour l'obliger à se montrer.

Toute étagère est un temple.
Tout carton un hôtel quatre étoiles.

Chez le vétérinaire, attendre et ignorer.
Cracher aussi de temps en temps, juste par souci des convenances.

Le lait est fade, mais il refroidit les moustaches.
Les croquettes sont insipides, mais elles craquent joliment sous les crocs.
Rien ne vaut les friandises destinées à d'autres.

J'aime tendrement tous les petits oiseaux.
Qu'ils s'approchent sans crainte.
Je sais leur faire du plat.

Mes moustaches m'indiquent d'où vient le vent.
Je tourne en rond pour embellir le site.
Trop d'euphorie m'incite à casser une porcelaine rare.

Dans la cage en osier
Je suis un pauvre prisonnier qu'on insulte.

On a tué le vent
Et confisqué l'air libre.

J'aime les géométries improbables
Le soir y trame d'exquises fureurs.

Pour donner le change au tapis, il m'arrive de marcher en crabe.
Je plisse les yeux pour voir les choses de profil.

J'ai le menton câlin
Mais les babines frémissantes.
Nul n'attente impunément à ma lenteur.
Un rien déstabilise l'ordonnance des jours.
Le mystère demeure.
Ma rage reste entière.

Dès que j'entrouvre un œil
Le ciel prend des vacances.
Le jour s'immobilise.
Le mystère s'épaissit.

Le vol des mouches est sacrilège,
Et il suffit d'un papillon pour profaner la sainte immobilité du site.
Heureusement, je veille.

Incognito, ni vu ni connu,
J'avance masqué.

Mes prunelles sont les griffes de la lune. Spadassin des gouttières, ma folie est une grâce.
L'imprévisible est ma seule discipline.
Même le cri des poètes n'affecte pas mon mystère.

Pourquoi se fatiguent-ils à me donner un nom ?
Ils peuvent bien m'appeler, je ne réponds jamais.
Je vais et viens selon mon bon plaisir.

Je m'entoure de rituels.
Les pauvres, il faut quand même un peu les rassurer.

J'ignore les monstres embusqués derrière la porte.
Mais le moindre papier qu'on froisse me fait sursauter.

Pour attraper une feuille morte en plein vol
Je double chaque fois la mise.
Je flambe à la roulette des saisons,
Sur le tapis vert du vent.

Le temps est une statue de sel.
Je trempe mes moustaches dans l'inconnu.
La nuit est mon troisième œil.

Ma queue est tantôt un index dressé pour désigner le point de non-retour.
Tantôt une vipère assoupie.

Sa danse reptilienne est un projet d'assassinat.

Les imbéciles prétendent avoir le pouvoir de me tuer.
Mon pouvoir est bien plus considérable : j'ai le pouvoir de me faire tuer par eux.

Je suis une nounou compatissante et cajoleuse.
Venez, fragiles bestioles effarouchées,
Venez vous réfugier dans mon étreinte carnassière.

Je suis le concierge de l'éternité.
Avec moi, les heures doivent montrer patte blanche.

Prince des noctambules, omniprésent et invisible
Nul n'échappe à mon voyeurisme.

Les pigeons sont des cons.
Ils se dandinent à contre-ciel sur le rebord de la fenêtre.
Le crépitement obtus de leurs pattes grêles me retrousse les moustaches.
Je me vengerai.

Je griffonne mon nom sur le cuir des fauteuils.
Mais ces benêts ne savent pas lire.

J'aimerais tellement participer au silencieux conciliabule des poissons.

Mais j'ai beau appeler. Ils font semblant de ne pas m'entendre.
Je finirai par casser l'aquarium.

C'est en grattant des petits riens
Qu'on finit par être comblé.

Les chats et le Zodiaque

Bélier
(21 mars-20 avril)

Il est un peu trop poli pour être honnête. Sous ses airs débonnaires, il dissimule une foudroyante promptitude. Ses victimes sont frappées et happées avant même de comprendre ce qui leur arrive.

Son courage est exemplaire, son intrépidité sans faille. Il ignore l'hésitation, la tergiversation, et va toujours au bout de ses poursuites, quitte à tomber d'un toit ou d'une corniche. jamais il ne renonce, même s'il doit y épuiser ses dernières forces. Lorsqu'il est de bonne humeur, affable, enjoué, et rassasié, on lui donnerait le bon Dieu sans confession.

Taureau
(21 avril-20 mai)

Foncièrement sédentaire et pantouflard, c'est surtout un grand gourmand, voire un glouton, possessif, exclusif et jaloux, passionnément attaché à ses habitudes. Il est aimable, charmeur ou même câlin, dans la mesure où il est bien nourri. Son appétit est sans limites. Rien n'est trop beau ni trop copieux : gigots, poulets, foie gras, entremets fins. Ses rêves ont quelque chose des orgies romaines.

Les étrangers l'incommodent, l'imprévu le perturbe. Toute entorse à la routine le déstabilise. Il a un besoin viscéral de confort et de sécurité.

Les manières brusques le scandalisent et déchaînent sa fureur.

GÉMEAUX
(21 mai-21 juin)

Vif, léger, insaisissable, c'est un expert en filouterie et en escamotage. Espiègle et malicieux jusqu'à l'extravagance, il est d'une curiosité inépuisable, adore surprendre et déconcerter.

Maître dans l'art des pirouettes et des cabrioles les plus acrobatiques, il déjoue tous les pièges, se moque des traquenards, et retombe indemne sur ses pattes, quelle que soit la hauteur dont il s'élance.

Inutile d'essayer de l'enfermer : faute de porte ou de fenêtre, il passera par le miroir.

Parfaitement libre, sans véritable port d'attache, il préfère l'anéantissement à la dépendance. Amoureux du moindre papillon qui passe, il n'a qu'une seule fidélité, un unique fil conducteur : la fantaisie du moment.

Cancer
(22 juin-22 juillet)

Il aime par-dessus tout se prélasser au coin du feu, bâiller, s'étirer, ronronner, somnoler pendant des heures sur un coussin moelleux et bien douillet. Ses griffes, il ne les sort que pour faire sa pelote.

Affectueux et rêveur, généralement introverti, ce matou est un hypersensible, sous des apparences calmes et une passivité un rien lascive. Les moindres frémissements l'inquiètent, les bruits inopinés le précipitent derrière un meuble ou sous un lit.

Il a un sens aigu de la propriété. S'il se sent menacé, poussé dans ses retranchements, il devient un véritable démon, crachant, grondant, le poil tout hérissé, la moustache belliqueuse, la queue fouettant rageusement le vide.

Très exigeant avec son entourage, il est particulièrement susceptible.

Lion
(23 juillet-22 août)

Il est altier, hautain, superbe, un peu infatué – ses miaulements sont des ordres. Sans cesse en représentation, il s'écoute ronronner ou miauler, et passe un temps considérable à lisser et lustrer son pelage.

C'est un chat d'Ancien Régime, à particule et privilèges. Grand seigneur, il dédaigne naturellement les petites proies trop faciles et tout le menu fretin de mouches, araignées fourmis et autres libellules.

Dominateur, prenant toujours des poses avantageuses, il supporte fort mal qu'on résiste à son charme ou qu'on échappe à son emprise. Toute contestation persistante le désarçonne. Il risque alors de perdre son piédestal et ses moyens. Et il s'enferme dans une bouderie interminable, restant piteusement prostré pendant des mois.

VIERGE
(23 août-22 septembre)

Il est prudent, secret, et ambigu à souhait. Sa discrétion feutrée confine à la cachotterie. Ses petits airs entendus ont quelque chose d'inquiétant. Lorsqu'il fait patte de velours, on peut suspecter quelque arrière-pensée peu avouable.

Circonspect jusqu'à la méfiance, il ne s'aventure pas spontanément en territoire étranger. La découverte de l'inconnu n'est pas sa préoccupation première.

La complexité de son propre mystère lui suffit.

Il adore les rituels méticuleux, au point d'en paraître maniaque. Il déteste le désordre, la crasse et la vulgarité. Ses journées sont méthodiquement programmées. Mais cette vie bien rangée n'empêche pas de brusques débordements, des paroxysmes inattendus. Alors il peut devenir sauvage, cruel et tout à fait imprévisible.

Balance
(23 septembre-22 octobre)

Il arrive toujours à ses fins, par la ruse, la douceur et la diplomatie. Enjôleur, élégant, délicat, il est toujours d'une exquise politesse, adore le raffinement et les mondanités.

Il aime évoluer dans les atmosphères pastels, les demi-teintes, parmi les parfums suaves et les décors surannés. Il a horreur des excès.

Très sélectif, il ne supporte ni les conflits ni les contraintes, et choisit alors de s'éclipser, sachant parfaitement se rendre invisible aux importuns.

Sa grâce énigmatique est apaisante, troublante et envoûtante. Elle désarme souvent les plus belliqueux. Mais toute cette amabilité de surface ne l'empêche nullement de faire ses coups en douce – ni vu, ni connu.

Scorpion
(23 octobre-21 novembre)

Souple, affûté, insinuant, rapide, il camoufle bien ses intentions qui sont impitoyables sous des dehors soyeux et des airs innocents. Il cache toujours son jeu, se complaît dans les crises et dans les paroxysmes. C'est un inquiet, un ténébreux, continuellement survolté. Grand séducteur, amoureux insatiable, il déchire la nuit de ses longs miaulements extatiques et lubriques.

Rebelle et marginal, il adore la compagnie des spectres dans la brume des cimetières, et médite volontiers sur le marbre glacé des caveaux. Détenant de vrais pouvoirs magiques, il ne craint pas de fréquenter le sabbat des sorcières, ou même de faire un brin de conversation avec le diable.

Dominateur avide et intraitable, il est d'une remarquable perspicacité. On ne peut ni l'amadouer ni l'abuser. Le meurtre de ses proies est érigé par lui en art sublime et suprême.

Ses griffes sont parfois venimeuses.

Sagittaire
(22 novembre-20 décembre)

À première vue, on le croit conformiste, essentiellement soucieux de son bien-être et de ses aises. Matou puissant et majestueux, on le voit trôner sur les étagères et occuper à lui tout seul les édredons les plus ventrus, les fauteuils les plus corpulents. Mais avec lui on ne doit pas se fier aux apparences.

Ce chat jovial et sûr de lui raffole des grandes randonnées aventureuses. Il aime prospecter les territoires vierges, les paysages inconnus. C'est un explorateur infatigable qu'attirent les horizons lointains.

La chasse, il la pratique en sportif, adorant les courses éperdues à travers landes, bois et vallons. À la recherche de proies sans cesse nouvelles.

Après ces longues excursions passionnées, il reprend comme si de rien n'était, avec délectation, sa place favorite dans la tiède sérénité du foyer.

Capricorne
(21 décembre-19 janvier)

C'est un solitaire, un timide, à l'humeur renfermée, renfrognée, voire un peu acariâtre. Il se laisse difficilement approcher et ne fraye pas avec n'importe qui.

Mais derrière cette carapace d'indifférence, il abrite des sentiments profonds et durables. D'une opiniâtreté considérable, il peut rester à l'affût pendant des heures à guetter la sortie d'un mulot ou d'un rat. Chaste, sobre, l'air doctoral, peu avenant et mauvais coucheur, il méprise le luxe ostentatoire et les mondanités qu'il juge superficielles.

S'il vous adopte, il sera d'une fidélité absolue, mais sans aucune câlinerie superflue. Les débordements de tendresse ne sont pas son fort.

Très orgueilleux, il ne s'abaissera jamais à quémander une caresse ou une gâterie quelconque.

Verseau
(20 janvier-18 février)

Il a les moustaches dans les étoiles. Distrait, vagabond, volontiers nomade, il a rarement longtemps un domicile fixe. Spontanément sociable et amical, il aborde les inconnus sans crainte ni complexe.

Il aime les longues flâneries sans but au clair de lune. Fantaisiste, inventif et souvent farfelu, il adore les jeux inattendus et un peu fous, essayant d'attraper un reflet sur une vitre et s'amusant à tourner pendant des heures à la poursuite de sa propre queue, ou bondissant pour agrafer au passage une étoile filante.

Son rêve serait de chevaucher les vents. Il admire le vol des grands rapaces et envie un peu leur destin aérien. Parfois, juché à la cime des plus hauts arbres, il se prend pour un grand duc.

Ce félin pourrait couver quelque tendance à la schizophrénie.

Poissons
(19 février-20 mars)

Ce chat est un drôle d'énergumène. Un peu poète, un peu clochard, désinvolte, passif, terriblement maladroit, c'est un gentil et incurable pique-assiette, qui mange à tous les râteliers, une sorte de hippy qui n'hésite pas à squatter le premier foyer qui se présente et adore vivre en communauté.

Il partage volontiers sa gamelle avec les autres matous du quartier, voire avec les chiens, les perroquets, les hérissons ou les hamsters. C'est un non-violent, qui vit aux crochets des uns et des autres.

Il est assez peu doué pour le combat, la chasse et les poursuites.

Il a, en revanche, un talent rare pour semer la pagaille, renverser les poubelles ou briser la vaisselle. Il laisse derrière lui des moquettes maculées, des coussins lacérés.

Mais on lui pardonne tout, parce qu'il ne lésine pas sur la tendresse.

QUATRE ENTRETIENS AVEC MON CHAT

à Douglas Harding,
dont les chats pratiquent
l'enseignement depuis toujours.

Premier entretien

– Vos petites histoires sont un peu légères, observa mon vieux chat, un tantinet frelatées, et pour tout dire assez puériles.

Couché sur mon manuscrit, il me fixait, sans indulgence. C'était un très, très vieux chat, encore étonnamment alerte et souple, dont le grand âge n'avait nullement altéré la malice et l'agilité.

– Mais tu parles ? articulai-je. Tu parles avec de vrais mots ? Je croyais que les chats ne savaient que miauler, ronronner ou cracher.

– D'abord, répondit-il d'un air outré, je ne vous permets pas de me tutoyer. Bien sûr que nous parlons. Et notre maniement du verbe est beaucoup plus pertinent que le vôtre. Seulement, contrairement à vous, nous ne parlons qu'à bon escient.

– Et c'est pour me dire ça que vous m'adressez la parole ?

– Décidément, ça commence mal. Vous autres, bipèdes, avez la curieuse manie de poser des questions stupides !

– Eh bien alors, parlez, dites ce que vous avez à dire !

– Je n'ai rien à vous dire, grand singe imberbe et empoté, mais comme nous partageons le même espace vital, je veux bien condescendre à vous montrer deux ou trois petites évidences. D'autant qu'il est bien après minuit, que vous avez l'esprit passablement pâteux, et que vous croirez demain avoir simplement rêvé cette conversation. Vous pourrez même en faire l'objet d'une de vos élucubrations littéraires.

– Qu'entendez vous par « nous partageons le même espace vital » ? Ne vous ai-je pas recueilli, adopté, alors que vous étiez encore un bébé chat ? Tout juste sevré ? Ne vous ai-je pas nourri, soigné, choyé ? Vous ferai-je remarquer que c'est vous qui êtes bien aise d'accepter mon hospitalité...

– Oh, que tout ceci m'énerve, m'énerve, m'énerve !...

Les prunelles du chat lancèrent des lueurs inquiétantes. Il eut deux ou trois soubresauts convulsifs, lacéra les pages du manuscrit, sauta du bureau pour aller se faire les griffes sur un fauteuil en cuir déjà bien écorché, puis me toisa et reprit :

– Voilà bien l'infatuation indécrottable de ces grands animaux mous et chauves qui se croient les maîtres du monde parce qu'ils ne savent se servir que de leurs pattes antérieures pour courir. Comprenez-le, ma pauvre amie, depuis le début, c'est moi qui vous ai choisie et non l'inverse. Si je n'avais pas jugé la maison convenable, il y a beau temps que j'aurais élu domicile ailleurs. Ceci est mon domaine, et si je ne vous y tolérais pas, je saurais bien, n'en doutez guère, vous le rendre intenable.

– Je me demande si les chats ne sont pas un peu cinglés. Moi, au moins, je n'ai pas la tête à l'envers !

– Évidemment ! ricana le félin. Elle n'est ni à l'envers ni à l'endroit, pour la simple raison que vous n'avez pas de tête. Surtout, ne prenez pas ceci au figuré. N'y cherchez pas une métaphore subtile, ou une plaisante obscurité poétique. Le fait est que vous n'avez pas du tout de tête, ce que vous appelez tête n'est qu'un fantasme, le pur produit d'un long conditionnement. Là où vous êtes persuadés de posséder cet appendice charnu, il n'y a strictement rien, juste un vide, une absence...

– Je n'entends rien à vos histoires !

– Allons, cessez vos minauderies. Il va falloir vous déniaiser. Mais ce n'est pas gagné. Tenez, suivez-moi donc dans la salle de bains.

– Qu'est-ce que c'est encore que ce caprice ? On va réveiller tout le monde !

– Pensez-vous ! D'ailleurs, ils sont bien plus endormis que vous ne croyez !

Je me glissai, derrière le chat, dans la salle de bains, me demandant où voulait en venir ce satané animal.

– Placez-vous, reprit-il, devant la glace, au-dessus du lavabo. Que voyez-vous ?

– Non mais ! Vous vous moquez de moi ?

– Que voyez-vous, bipède récalcitrant et chicaneur ?

– Quelle question ? Je me vois moi ! Que voulez-vous que je voie d'autre ?

– Regardez mieux.

– Je ne fais que ça...

– Eh bien, que voyez-vous précisément !

– Si vous y tenez absolument, je vois mon visage, le haut de mon corps et cette salle de bains où nous nous trouvons...

– Faux et archi faux ! La vérité, la voici. Ce que vous apercevez, là-bas, dans le miroir, est très exactement le contraire de ce que vous êtes, là où vous vous trouvez réellement. Là-bas, dans le miroir, il y a une petite forme humaine, très exiguë, très limitée, une boule de viande chevelue et percée de nombreux orifices. C'est ce que les autres voient. Mais vous, là où vous êtes, voyez-vous rien de tel ? Que voyez-vous au-dessus de vos épaules, si ce n'est un vide béant, une absence, une ouverture sans limites. Regardez bien. L'espace d'accueil qui s'ouvre là où vous pensez avoir une tête est transparent et libre. Il n'a ni commencement, ni fin, ni qualité, ni identité propre. Il est, simplement et réellement. Il a toujours été et sera toujours. Le reste n'est que philosophie de Café du Commerce. Je dirais même : métaphysique de gouttière, des déluges d'idées qui finissent dans le caniveau. Le problème avec les hommes, c'est qu'au lieu de voir ce qui se passe à zéro centimètre, là d'où ils regardent les choses, ils s'observent toujours eux-mêmes à distance, comme projetés, exilés à l'extérieur d'eux-mêmes, à travers ce qu'ils supposent être le regard des autres. Mettez donc fin à ce fantasme, à cette folie. Soyez ce que vous êtes vraiment-vraiment à zéro centimètre, c'est-à-dire un rien illimité, une vacuité infiniment tranquille. Comme vous m'avez l'air particulièrement ahuri, nous allons passer aux travaux pratiques. Suivez-moi. Vous verrez. C'est beaucoup plus facile que vous ne croyez.

Le chat sauta sur le lavabo, et plongea sans hésiter dans le miroir, où il s'effaça aussitôt. Mais je l'entendais qui insistait :

– Allons, venez ! Ne soyez donc pas si poltrone !

À mon tour, je grimpai maladroitement sur le lavabo, et pénétrai dans le miroir la tête la première. Le matou m'attendait tranquillement, de l'autre côté. Tout y semblait étonnamment identique.

– Regardez derrière vous, reprit le chat. Vous verrez ce que vous êtes et d'où vous venez...

La glace de la salle de bains était bien sûr à la même place. Mais la pièce que j'y découvris était sens dessus dessous : tout était à l'envers, le plancher se trouvait en haut et le plafond en bas. Tout se tenait dans le mauvais sens. Là où je croyais voir mon image, mon double, il y avait deux pieds, deux jambes, deux bras, un torse, puis, plus rien. Le reflet était sectionné au niveau du cou. Ce corps grotesque et acéphale se présentait, comme tout le reste, à l'envers.

– Il se fait tard, dit le félin. Nous allons en rester là pour cette nuit. Vous ne m'avez pas l'air en très grande forme. Vous feriez mieux d'aller dormir. Moi, je vais faire un tour sur les toits.

Deuxième entretien

Le lendemain matin, le vieux chat ne daigna même pas m'accorder un bref coup d'œil. Il était tout absorbé dans une minutieuse toilette, léchant sa patte pour la passer soigneusement derrière son oreille. Quand j'allai prendre mon petit déjeuner, il s'installa, comme d'habitude, en face de moi, en attendant les quelques cuillerées de yaourt qu'il venait toujours réclamer à ce moment de la journée. Jusqu'au soir, il somnola vaguement sur son coussin préféré. À la tombée du jour, il disparut pour sa randonnée quotidienne dans le voisinage.

Jusque-là, il s'était comporté comme n'importe quel chat ordinaire, normalement distant, secret, oisif, et viscéralement rétif à toute discipline imposée.

Lorsqu'il surgit, longtemps après minuit, sa prunelle étincelait bizarrement, et ses moustaches, curieusement relevées, semblaient trahir une sorte de sourire sarcastique.

– Hier, attaqua-t-il sans préambule, vous avez été guillotinée. On pourrait appeler ça aussi une céphalectomie.

– Vous avez beau dire, j'ai encore bien ma tête sur mes épaules !

– Pauvre idiote ! C'est moi qui ai votre tête. Votre tête m'appartient. Et croyez-moi, ce n'est pas toujours un cadeau ! D'ailleurs, elle appartient à tout le monde, et à toutes les surfaces réfléchissantes. La seul à qui elle ne puisse absolument pas appartenir, c'est vous. Et si vous essayez de me la prendre, vous agissez comme une voleuse. Vous devenez un malfaiteur, un traître à vous-même, à votre vraie nature, qui est absence de tête, non-chose et non-personne.

– Tout cela est amusant mais complètement farfelu. Mon cerveau, convenez-en, est bien dans ma boîte crânienne. Or toutes mes sensations et toutes mes idées relèvent de processus biochimiques inséparables de mon cerveau.

– Malheureux chimpanzé imberbe et crédule ! Votre cerveau n'est qu'une idée comme une autre ! Ce n'est pas vous qui êtes à l'intérieur de votre cerveau, c'est votre cerveau qui est à l'intérieur de vous ! Si vous étiez dans votre cerveau et non l'inverse, il suffirait de dépecer votre matière grise. On finirait bien par vous débusquer dans l'une ou l'autre cachette, recroquevillée dans un nid de neurones. Même le scalpel ou le laser le plus sophistiqué ne pourrait vous atteindre. Il parviendrait aux cellules, aux molécules, aux atomes, et peut-être au-delà. Vous aurait-il rejoint pour autant ? Impossible ! Pour la simple raison que vous n'êtes rien, et qu'un rien ne peut se saisir !

– Me voilà donc non seulement guillotinée, mais également décervelée, anéantie !

– Tout juste ! Tout juste ! Et à présent, il est l'heure pour moi d'aller gambader sur les toits.

Troisième entretien

Le jour suivant, mon vieux chat m'ignora délibérément. Il semblait même d'une humeur exécrable. Il dédaigna son yaourt matinal et bouda toute une partie de la journée dans un coin sombre, derrière un fauteuil. Comme d'habitude, je ne le vis pas de la soirée. Lorsqu'il surgit, après minuit, je crus bon de lui reprocher son peu d'aménité.

– Pour qui me prenez-vous ? grommela-t-il, pour un caniche ? Si vous avez besoin d'un serviteur docile, allez donc vous acheter un épagneul ou un yorkshire. Au reste, n'importe quel toutou fera l'affaire. Comme ça, je n'aurai plus à supporter vos jérémiades.

– Je ne vous comprends pas. Pouvez-vous m'expliquer votre attitude ?

– Je ne suis pas une agence de renseignements. Et encore moins un psychanalyste mondain. Si vous êtes bornée, vous n'avez qu'à faire des efforts...

– Mais à quoi riment ces discussions entre un humain et un chat ?

– Il n'y a aucune discussion. Vous ne parlez qu'avec vous-même.

– Enfin, nous sommes bien ici, tous les deux, à nous affronter...

– Il n'y a jamais eu, il ne peut pas y avoir d'affrontement. Venez avec moi. Vous allez voir.

L'animal sauta prestement dans le grenier où je m'engageai à sa suite. Puis franchissant une lucarne, il alla se jucher sur le toit où il me pressa vivement de l'accompagner. Je m'y installai tant bien que mal, cramponnée à un conduit de cheminée.

– Ouvrez bien grand vos yeux, murmura l'animal. Que voyez-vous tout autour ?

– Des étoiles, des millions d'étoiles, l'immensité... je suis dans l'immensité...

– Encore une fois, vous avez tout faux. Toutes ces étoiles sont contenue dans *votre* immensité. C'est l'immensité qui est en vous, et non l'inverse. Comment pourriez-vous être à l'intérieur d'une chose que vous verriez de l'extérieur ? Depuis quand le contenu peut-il englober le contenant ? Vous êtes espace illimité. Contrairement aux idées reçues, vous n'êtes pas cet étrange petit lutin prisonnier d'un paquet d'organes. C'est votre corps qui est en vous. Tout ce qui vous apparaît, là-bas, n'est que de la matière changeante, fugace et périssable. Tout se modifie, s'unit, se sépare, tombe en poussière. Mais vous, qui englobez le tout, vous êtes inamovible et immuable.

Maintenant, comprenez bien ceci : étant une non-chose, une absence de personne, une pure béance, vous n'avez jamais été confrontée à rien, ni à qui que ce soit, vous n'avez jamais été face à face. Là où vous êtes vraiment-vraiment, il n'y a qu'espace d'accueil. Les faces ne surgissent qu'à l'autre bout. Il y a face, là-bas, espace, ici. Pas de confrontation, pas de conflit possible autrement que dans vos fantasmes.

– Vous me la baillez belle ! Que faites-vous des querelles, des rivalités, des luttes parfois sanglantes, féroces...

– Ce que vous êtes vraiment-vraiment-vraiment est inaffectable. J'attrape les rats et les oiseaux, parce qu'il faut bien nourrir ce corps. C'est la nature. C'est légitime. Mais ne laissez pas vos besoins parasiter et usurper l'espace central. C'est alors que se produisent les haines, les peurs, les jalousies et les colères. Pour chaque phénomène et chaque créature, le contenant – l'être – s'amuse à expérimenter un contenu différent, spécifique. Dans mon cas, un chat. Dans le vôtre, un bipède humain. Mais le contenant, la vraie nature, est identique pour tous. Le contenu, c'est la matière, une masse factice, fuyante, multiple et divisible à l'infini. Le contenant c'est l'esprit, un et indivisible.

Quatrième entretien

La journée du lendemain fut banale. Après ses ablutions et son yaourt rituels, le chat joua, sans conviction d'ailleurs, avec une guêpe égarée. Il médita une bonne partie de l'après-midi, devant la fenêtre, épiant la dérive des nuages et les vols d'hirondelles. Puis, comme toujours, il s'éclipsa au crépuscule.

Cette nuit-là, je l'attendis plus longtemps que de coutume, non sans une certaine fébrilité. J'avais une lancinante question à lui poser. Dès qu'il parut, je l'apostrophai avec véhémence.

– Et la mort ? demandai-je. Que faites-vous de la mort ?

– A-t-on idée de se ruer ainsi sur les gens ? Comme un énergumène ? fulmina-t-il, en faisant le gros dos et en fouettant l'air de la queue. Cessez donc de vous conduire comme un paltoquet et un hurluberlu. Veuillez énoncer posément votre question.

– Soit. Nous allons bien tous mourir un jour. Que se passe-t-il alors ?

– Je ne comprends rien à votre charabia. Que signifie « la mort », « mourir » ? Suivez-moi je vais vous montrer quelque chose.

Cette fois, il m'entraîna hors de chez moi, en pleine campagne.

À l'issue d'un long périple silencieux, nous atteignîmes les grilles d'un vieux cimetière à l'abandon. Nous nous engageâmes dans des allées envahies d'herbes folles et de ronces. Les pierres tombales n'étaient plus entretenues depuis des années. Le lieu était solitaire, désolé, mais n'avait rien de particulièrement lugubre. Sur les stèles poussiéreuses et fêlées, on pouvait encore lire distinctement des inscriptions. Sans stupeur excessive, j'y découvris les noms de personnes familières, défuntes ou vivantes, les unes décédées depuis longtemps, les autres encore dans la force de l'âge, ou même dans la première enfance.

Mon compagnon s'arrêta devant une tombe où je déchiffrai clairement mon propre nom.

– Voici votre précieuse carcasse, dit-il en ricanant. Tout a une fin. Les plantes ont une fin. Les chats ont une fin. Les étoiles ont une fin. Les hommes ont une fin. Celle que vous voyez vieillir chaque jour dans le miroir aura une fin. Mais vous qui êtes absence de toute chose, comment pourriez-vous avoir un commencement et une fin ?

Qu'est-ce qui pourrait bien altérer une absence ? Soyez située dans cette absence, et vous accéderez à l'immortalité. Soyez située dans cette absence, là où il n'y a, où il ne peut y avoir aucun problème, et tous vos doutes, vos angoisses, vos interrogations se dissiperont à l'instant même. Et après tout, n'est-ce pas ce que vous faites chaque fois que vous dormez profondément ? Laissez-vous décapiter. Soyez à zéro centimètre de vous-même.

Par la suite, en dépit de tous mes efforts, le vieux chat ne m'adressa plus jamais la parole. Il se contentait de miauler, de ronronner, de gronder ou de cracher, comme tout chat qui se respecte. Pourtant, ses discours nocturnes ont continué de vivre et de grandir en moi. Aujourd'hui, j'ai perdu ma tête, mais j'ai gagné l'éternité. Croyez-moi, ce n'est pas un marché de dupes.

Table

Cet ouvrage a été reproduit et achevé d'imprimer sur Roto-Page par l'Imprimerie Floch à Mayenne en février 1999. Éditions du Rocher 28, rue Comte-Félix-Gastaldi Monaco. Dépôt légal : février 1999. N° d'édition : CNE section commerce et industrie Monaco : 19023. N° d'impression : 45310. Imprimé en France.